JN383181

응훨이 보는 것

왕홍의 모든 것
성공하는 중국 비즈니스 마케팅의 비밀

2021년 11월 19일 초판 발행
지은이 이혜란 · **펴낸이** 이시용 · **디자인** 이율희 · **인쇄/제책** 영신사
펴낸곳 더퍼슨스, 서울시 서초구 강남대로 107길 21, 대능빌딩 2층(잠원동)
이메일 thepersons.interview@gmail.com · **SNS** ⓘ @thepersons_official
출판 등록 2020년 1월 7일(제 2020-000043호)

ISBN 979-11-969833-4-5 03320

THE PERSONS
2F, 21, Gangnam-daero 107-gil, Seocho-gu, Seoul, Republic of Korea
Written by Hyeran Lee, Published by Seeyong Lee, Designed by Yulhee Lee
Copyright© the persons. All rights reserved.

왕홍의 모든 것

성공하는 중국 비즈니스 마케팅의 비밀

이혜란 지음

THE PERSONS

추천사 1

디지털 경제 시대 소상공인을 위한 디지털 경제 백신 같은 책이다.

'왕홍'을 사람 이름으로 알 만큼 몇 년 전까지만 해도 우리는 중국의 디지털 경제에 무지했다. 중국경제를 이야기할 때 '왕홍'을 빼놓는 것은 소가 들어가지 않은 만두와 같다. 그래서인지 '왕홍 언니' 이혜란 대표의 출판은 늦은 감이 있지만, 반갑고 고맙다. 경험에서 나오는 여러 이야기가 막 잡은 생선처럼 신선하다.

코로나의 장기화로 소상공인들이 아프다. '안녕하십니까?'라는 물음조차 조심스러울 정도로 코로나 확산으로 인한 일상의 파괴는 깊고 넓다. 인류사를 통해서 알 수 있듯이 전염병은 문명을 바꾸고, 새로운 규칙을 만들어 왔다. 역사학자 피터 터친Peter Turchin은 질병의 확산과 사회, 산업의 변화는 서로 무관치 않다고 했다. 1400년 이후 1차 팬데믹pandemic(감염병 대유행)이었던 흑사병은 르네상스와 종교개혁을, 2차 팬데믹이었던 콜레라는 산업혁명을 자극하는 계기였다. 1900년대 초반 발생한 스페인독감(1918~1919)도 새로운 산업을 성장시켰다. 자동차, 비행기, 라디오, 냉장고가 대표적이다. 위기를 극복하는 데 시행착오와 어려움이 있겠지만, 이번에도 인류는 결국 새로운 성장 동력으로 극복해낼 것이다.

이번 책이 코로나 이후 뉴노멀 시대에 대한 네비게이션이 되어줄 것이다. 아울러 더 아프고 힘든 소상공인들에게 디지털 경제 전환의 백신 역할을 해줄 것이라 믿는다. 사회에 영향을 미치는 사람들은 가장 낮고 아픈 곳에 대한 관심으로 영향력에 대한 책임을 다해야 한다.

이제 국내에서도 인플루언서라 불리는 한국판 왕홍들의 활약이 대단하다. '보람이', '펭수', '신사임당' 등은 레거시 미디어의 도움 없이 유명해진 한국의 왕홍, 인플루언서들이다. 김난도 서울대 소비트렌드분석센터 교수는 팬슈머$_{fansumer}$라는 신조어로 인플루언서 현상을 해석한다. 팬$_{fan}$과 컨슈머$_{consumer}$의 합성어로, 단순 소비를 넘어 직접 투자와 제조 과정에 참여해 상품과 브랜드를 키워 내는 소비자를 지칭한다. 디지털 경제는 소비자 참여가 가장 강력하게 작용하는 경제다. 이들은 전통적 생산, 유통, 소비의 개념을 바꾸어 놓고 있다. 코로나 19로 인한 디지털 대면의 일상화는 디지털 경제에 대한 수용성을 높이고, 전환을 가속화시키고 있다.

'사과 속 씨앗은 셀 수 있지만 씨앗 속 사과는 셀 수 없다'라는 말처럼, 이 책이 세상에 뿌린 씨앗들이 더 많은 열매로 선한 영향력을 만들어 가길 바란다.

현 중소기업 유통센터 소상공인 디지털 본부장 김현성
전 사)인플루언서 경제산업협회 회장

추천사 2

왕홍!

얼마나 가슴 뛰는 단어인가. 누구나 왕홍이 되어 성공할 수 있다. 남녀노소를 불문하고 도전의 기회가 공평하게 주어지니, 이 얼마나 소중한가.

펜데믹이라 해도, 라이브커머스의 발전은 왕홍의 성장을 도왔다. 더 진화된 메타버스 공간에서도 왕홍이나 인플루언서의 약진은 기대된다.

자신만의 팬덤을 활용한 영향력으로 정확하고 빠른 정보 전달과 확산, 소통, 뉴스의 재생산까지. 비즈니스 생태계 변화를 이끌어가고 있다고 해도 과언이 아니다.

그렇다면 왕홍이란 건 뭘까? 뭘 하는 사람일까? 아무나 할 수 있는 건가? 왕홍은 어느 나라 사람일까? 왕홍이 되면 돈을 얼마나 벌까? 또 사업가 입장에선 어떤 왕홍을 만나야 함께 성장할 수 있을까? 회사의 가치를 중시하며 동반성장 가능한 파트너쉽이 있을까? 등등 수많은 질문이 생겨나게 마련이다.

기업들은 필연적으로 14억 인구가 있는 중국으로 뛰어들 수밖에 없고, 왕홍의 도움 또한 필수적이다. 왕홍 행사를 보면 누군가 카메라 앞에서 중국어로 무엇인가를 열심히 홍보하고 있는 상황을 목격하는데 정말 팔리긴 할까? 유저가 얼마나 될까? 과연 재구매로 연결될까? 자연스러운 염려와 질문이 생겨날 때, 누군가 대답 좀 시원하게 해주었으면 싶다.

왕홍에 도전하고 싶은 이에게, 왕홍과 함께 성장하고 싶은 기업에게, 명쾌한 답을 전하는 이가 있어 추천합니다.

여성 최초 최연소 보건소장 의학박사 주혜란

프롤로그

"만나서 반가워요! 성함이 왕홍 맞죠? 왕홍 씨를 알게 되었으니 이제 중국 시장 장악은 걱정 없겠네요. 하하하."

중국에서의 왕홍 활동 이후, 한국에 들어온 지 얼마 안 됐을 때 가장 많이 들었던 말이다. 이런 재미있는 해프닝은 지인들이 나를 소개하는 과정에서 비롯된다. 보통 지인들이 중국 비즈니스를 원하는 사람들에게 자세한 설명 없이(물론 그때는 그들도 왕홍의 정확한 의미를 몰랐으리라 생각된다.) 나를 '왕홍'이라고 소개했고, 한국 중소기업 대표님들은 대부분 '중국 시장의 핵심 열쇠 왕홍 씨'라는 생각을 갖고 기대감에 부풀어서 날 찾아왔다.

어느 날은 지인을 통해 내 연락처를 받았다며 전화하서는 나를 왕홍이라는 이름으로 주소록에 저장했는지 '왕홍 대표님, 안녕하세요. 누구누구입니다.'라고 인사하기도 했다. 이쯤 되면 내가 정말 '성은 왕 씨요, 이름은 홍인 것인가?'라는 착각이 들기도 한다. 이런 일을 겪은 것은 지인이 나를 왕홍이라고 소개한 것보다도, 대한민국에 왕홍에 대한 정확한 정보가 없다는 게 문제의 핵심이었음을 많은 시간이 흘러서야 깨달았다.

중국은 세 살배기 어린아이까지 다 아는 개념을 한국에서는 A부터 Z까지 매번 설명해야 하는 상황이 반복되다 보니, 때로는 내가 중국 시장 진출 컨설턴트인지 왕홍인지 헷갈렸다. 그래서 언젠가 더 많은 사람이 왕홍을 알고 싶어 하고, 궁금해하는 때가 오면 왕홍과 라이브커머스, 중국 시장에 대한 가능성을 꼭 제대로 알리고 싶다는 생각을 했다. 그리고 요즘 조금씩 중국 왕홍에 대한 관심이 커지고, 중국 시장을 주목하기 시작하면서 유튜브, TV를 시작으로 다양한 기관에서 왕홍을 주목하기 시작했다. 지금이 왕홍에 대해 제대로 이야기할 때라는 확신이 들어 이 책을 집필하기로 마음먹었다.

중국을 설명할 때 '만만디慢慢的'라는 단어를 들어본 적 있을 것이다. 사전적인 의미는 행동이 굼뜨거나 일의 진척이 느린 것을 이르는 말인데, 실제로 중국의 산업 현장은 그렇지 않다. 철저한 자본주의 사회인 중국은 빠르게 변화하는 뉴미디어 산업에서 서두르지 않고 원칙과 순서를 지킬뿐, 어느 나라보다 더 빠르게 적응하며 발맞추고 있다. 한국의 빨리빨리 문화보다 더 빨리 중국의 뉴미디어 산업은 내가 왕홍의 길에 들어선 순간부터 지금까지 너무나도 빠른 속도로 변화하고 있다.

나는 2007년도에 처음 중국이라는 거대한 세상과 만났다. 중국 첫 방문 당시 거리에 수놓아져 있었던 2008 베이징 올림픽 슬로건이 아직도 선명하게 기억난다. 同一個世界, 同一個夢想One world, One dream. '하나의 세계, 하나의 꿈' 즉, 아름다운 미래를 창조하기 위해 중국과 세계가 힘을 합쳐 하나의 이상을 향해 나아가자는 뜻이다. 나는 한 나라를 넘어 세계로 나아가자는 희망찬 메시지를 시작으로, 중국이 다양한 분야에서 새로운 꿈을 실현할 수 있는 기회와 도전의 장이라는 것을 확인했다. 비즈니스 성공의 가능성을 본나는 산업 현장에서 직접 왕홍으로 활동하면서 중국 온라인 시장의 급속한 성장을 몸소 체감했고 중국 왕홍 라이브커머스 시장에 상당한 관심을 가지게 되었다. 동시에 중국과 한국이 손을 잡고 함께한다면 더 아름다운 미래를 창조할 수 있겠다는 상상으로 중국에서 보내는 매일이 가슴 벅차게 행복했다. 그렇게 나는 1세대 왕홍으로 활동했고, 지금 한국과 중국을 잇는 새로운 교두보 역할을 하고 있다.

2016년도부터 세상에 본격적으로 등장한 왕홍은 코로나19의 장기화로, 언택트 시대가 도래함에 따라 그 성장세가 더욱 가파르게 변하는 확대일로에 있다. 실제로 2016년도에서 2019년 사이 중국의 '왕홍 라이브커머스' 시장은 연평균 535%로 무섭게 성장해왔다. 그리고 이제 중국뿐만 아니라 우리나라도 왕홍의 라이브커머스를 활용한 비즈니스에 관심을 가지기 시작했다. 많은 전문가가 다가올 미래의 유통 대안으로 대단히 중요한 위치를 차지할 것이라고 입모아 말한다. 이러한 시대적 흐름으로 자신의 브랜드를 가지고 있거나, 앞으로 만들 계획이 있는 사람이라면 한 번쯤은 왕홍을 통해 매출을 확대하고 싶은 마음이 들 것이다. 이에 나는 대한민국 1세대 왕홍이라는 자부심과 막대한 책임감을 가지고 '왕홍 라이브커머스'를 잘 활용했을 때 어떤 다양한 효과를 볼 수 있는지, 브랜드 가치를 얼마나 높일 수 있는지를 널리 알리기 위해 왕홍 언니가 되기로 결심했다.

기업의 생명은 지속적인 이윤 창출과 브랜드에 대한 긍정적 이미지 확산에 있다. 이를 잘 알고 있기에 다양한 업체에 효과적이고 실질적인 왕홍 마케팅 프로그램을 적극적으로 소개했다. 즉 중국 진출을 원하지만 그 방법과 길을 모르는 업체들에게 정확한 정보를 알려 주고 어떻게 하면 왕홍을 비즈니스에 최대한 활용할 수 있는지 노하우를 전하기 시작한 것이다. 침체된 기업이나 활로를 모색하는 기업가들에게 산소를 공급하는 듯한 새로운 기회를 제공하면서 그들에게 도전 정신을 일깨워줬을 뿐만 아니라, 중국 시장을 보는 눈을 갖게 해주었고 이에 스스로 큰 자부심을 느꼈다.

이 책은 현장에서 바로 적용할 수 있는 실전서다. 포스트 코로나 시대와 언택트 시대에 찾아온 지금의 '왕홍 라이브커머스' 시장에 대한 대중의 이해도를 더욱 높이고, 현재의 라이브커머스 시장을 좀 더 객관적으로 볼 수 있도록 안목을 높이는 좋은 계단이 되기를 진심으로 바란다.

아무도 알려 주지 않은, 중국 시장에서 살아남기 위해 애쓴 지난 5년의 경험을 녹여냈다. 왕홍을 생각했을 때 떠오르는 의문이나 문제의 해결책을 총 다섯 개의 장으로 나누어 설명한다. 먼저 1장은 나만 아는 왕홍 이야기로, 일반인에서 왕홍이 되기까지 내가 밟아온 과정과 경험을 이야기한다. 2장은 왕홍 라이브커머스 시장에 대한 전반적인 지식을 다룬다. 3장은 중국 진출을 원하는 브랜드가 반드시 알아야 할 왕홍 이야기로, 실질적인 왕홍 라이브커머스 전략과 활용 방법을 낱낱이 밝힌다. 4장은 대상을 달리하여 왕홍이 되고 싶은 사람들에게 초점을 맞췄다. 중국 팔로워 확보부터 물건 판매 전략 등 꾹꾹 눌러 담은 왕홍 언니만의 노하우를 알아본다. 마지막 5장은 미래 왕홍 이야기로, 왕홍 언니가 예측하는 왕홍의 가치와 왕홍 경제에 대한 전망을 함께 살펴본다. 또한 언젠가 마주하게 될 문제점과 그 문제점을 뛰어넘을 도전 방식에 대한 주관적인 생각을 정리했다.

코로나19로 인한 커머스 환경 변화 속에서 많은 국내 기업이 이익의 극대화를 이루어 브랜드와 기업의 가치가 더욱 빛나는 계기가 됐으면 한다. 더 나아가 이 책이 왕훙에 대한 막연한 궁금증을 갖고 있었던 분들의 이해를 돕고, 한국의 여러 브랜드가 중국으로 진출하는 데 좀 더 현실적인 대안이 될 수 있기를 바란다.

차례

추천사	5
프롤로그	9

제 1장 나만 아는 왕홍 이야기 17

01	돈 벌 수 있는 유일한 선택지 '왕홍'	19
02	무식하게 시작한 새로운 직업 '왕홍'	22
03	왕홍이 되는 지름길, 라이브 방송	27
04	'왕홍'에서 '왕홍 언니'로	33

제 2장 마케터라면 알아야 하는 왕홍 이야기 43

01	새로운 유통 트렌드: 라이브커머스	45
02	새로운 유통 트렌드: 왕홍	60
03	중국 왕홍 경제의 규모와 왕홍 산업 생태계	72
04	상위권 왕홍만의 판매 전략	79

제 3장 브랜드라면 알아야 하는 왕홍 이야기 87

01	중국 라이브커머스 플랫폼 타오바오	89
02	혼자 팔기 어려우면 왕홍을 찾자	101
03	디지털 마케팅이 접목된 왕홍 라이브커머스	109
04	14억 인구를 겨냥한 왕홍 마케팅 전략 1: 단일 플레이 vs 순환 플레이	118
05	14억 인구를 겨냥한 왕홍 마케팅 전략 2: 왕홍 라이브커머스	126

제 4장	크리에이터라면 알아야 하는 왕홍 이야기	145
01	Mind map: 나는 왜 왕홍이 되고 싶을까?	147
02	Basic education: 예비 왕홍이 갖춰야 할 덕목	163
03	Live commerce: 중국은 라이브로 통한다	171
04	Follower: 진짜 팬을 확보하는 노하우 '소통'	177
05	Strategy: 중국 소비자 심리를 꿰뚫는 큐시트 작성	179
06	Money: 왕홍이 돈 버는 법	182
07	Anding story: 끝나지 않은 왕홍 이야기	185

제 5장	앞으로 이어질 왕홍 이야기	191
01	왕홍의 가치, 계속 상승할 것인가?	193
02	글로벌 국가들이 바라보는 중국 왕홍 경제	195
03	왕홍 경제와 왕홍 마케팅의 문제점	199
04	왕홍 시각으로 본 국내 라이브커머스 시장	204
05	왕홍이 되기 위한 앞으로의 도전	207
06	MCN 회사의 향후 비즈니스 모델	210

부록	라이브커머스 방송용 필수 중국어	219
01	라이브커머스 관련 기본 단어 익히기	220
02	뷰티 커머스 관련 기본 단어 익히기	225
03	라이브커머스 실무 회화 1	230
04	라이브커머스 실무 회화 2	233
05	왕홍 마인드맵 그리기	237

	감사의 말	241

제1장
나만 아는 왕홍 이야기

만약 당신이 잠자는 동안에도 돈이 들어오는 방법을
찾아내지 못한다면, 당신은 죽을 때까지 일만 해야 할 것이다.
- 워렌 버핏

01 돈 벌 수 있는 유일한 선택지 '왕홍'

왕홍에 대한 관심이 생겼다는 건 바로 당신이 돈을 벌 수 있는 방법을 발견했다는 것이다. 내 나이 서른 여섯, 현재 1세대 왕홍 대표라는 타이틀을 가지고 주식회사 아이콰라는 회사를 운영 중이다. 한국에 온 후로 가장 많이 받았던 질문이 '대표님이 왕홍이면 중국인인가요?'이다. 당연히 아니다. 난 한국인이고, 2007년 3월 2일 베이징과 인연을 맺었다. 2007년도의 난 내가 왕홍이 될 것이라고는 전혀 상상하지 못했다. 2007년도에 교환학생으로 1년간 베이징에서 유학 생활을 했다. 그때도 난 내가 중국과 이렇게 깊은 인연을 맺게될 줄 몰랐다. 세월이 참 빠르게 흘렀고, 2021년 지금까지도 난 중국을 왔다 갔다 하며 중국 비즈니스를 하고 있다.

2019년 한국에 들어와 주변에 있는 지인들이 누군가에게 나를 왕홍이라고 소개하면 그들은 한결같이 내게 언제, 어디서, 어떻게, 왜 왕홍이 되었고, 그래서 무엇을 얻게 되었냐고 많이들 묻는다. 돌아보면 1세대 왕홍이라는 타이틀을 얻기까지 지난한 과정이 있었다. 화려하고 멋있는 모습을 떠올렸다면 심호흡 한 번 하고 머릿속을 백지로 만든 다음 내 이야기를 들어 주면 좋겠다. 너무나도 평범했던 내가 중국이라는 낯선 땅에서 왕홍이 되는 건 생각보다 쉽지 않았다.

왕홍이 되려면 뚜렷한 목적도 중요하지만 결심이 더 중요하다. 내가 왕홍이 되겠다고 결심한 때는 지금으로부터 5년 전, 바로 2016년도다. 당시 중국은 MCN 산업이 가파른 성장세를 보이면서 다양한 왕홍과 왕홍 플랫폼이 생겨났다. 왕홍 라이브커머스 시장이 본격적으로 활성화되면서 한국인들의 중국 내 왕홍 활동도 활발해졌다. 난 운이 좋게도 베이징에서 북경대학원을 마치고, 전 직장의 회장님 추천으로 베이징에 회사를 설립하려는 분을 도와 일을 하면서 중국에 계속 머물게 되었다. 그때 내가 중국에 있지 않고 한국으로 돌아갔다면 빠르게 성장하는 중국의 이커머스 시장을 눈앞에서 지켜보지 못했을 것이다. 중국의 수도 베이징에 외상독자기업을 세워야 한다는 미션은 내게 큰 산이었지만, 베이징에서 비자를 받고 일을 하며 계속 있을 수 있다는 사실이 기뻤다.

중국은 지역별로 외국인 법인 설립에 대한 절차나 법률이 다르다. 더군다나 베이징은 중국의 수도이다 보니 더 까다롭고, 더 비싸고 오래 걸리는 편이었다. 내자기업인 경우에는 한 달 안에 설립이 가능하지만, 외자기업은 베이징에선 기본 2개월은 생각하고 법인 준비를 해야 한다. 2개월도 법인 설립 대행사의 도움을 받아야 가능하지, 그렇지 않으면 6개월까지도 걸린다. 내가 맡아서 설립해야 할 법인은 다행히도 제조업이 아닌 서비스 업종을 경영 범위에 두고 운영할 계획이라 2개월 만에 빠르게 비준을 받을 수 있었다. 무역업이나 제조업 같은 경우 6개월 이상 소요되고 절차도 더 까다롭다. 회사 설립 신청을 하기 이전에 기업 명칭을 사전 허락받아야 했는데, 회사명에 대한 아이디어 때문에 며칠 밤을 설치며 의견을 냈던 기억이 난다. 회사 오너의 마음에도 들어야 하고, 중화인민공화국공상행정관리국中华人民共和国工商行政管理局의 사전 허락도 받아야 하기에 생각보다 쉬운 작업은 아니었다.

20　　제1장

스무 개 중에 하나의 이름이 허락되어 외자 법인 설립이 진행되었고, 난 한국도 아닌 중국의 베이징이라는 낯선 땅에서 법인 설립부터 회사 운영, 조직 관리까지 배웠다. 지금 생각해 보면 월급을 받으면서 경영 수업을 들은 셈이다. 회사에서 여러 가지 아이템을 시장 조사하고 분석했으며, 그 결과 한국 화장품에 대한 수요가 가장 높다는 것을 발견했다. 중국 소비자들은 'made in Korea'라고 하면 이유 불문하고 화장품을 구매했기 때문에, 메디힐과 SNP를 포함하여 국내 메이저급 화장품의 인기가 상당했다. 내가 다니던 회사의 오너도 이 흐름을 타서 배우 이영애를 앞세운 리아진 마스크팩에 투자 검토를 하고 있었고, 그때 난 made in Korea 마스크팩을 해야겠다고 결심했다.

2016년 온라인 유통 마스크팩 매출은 150억 위안을 돌파하여 전년 대비 26% 성장했고, 중국 마스크팩 수입국은 한국, 프랑스, 일본, 미국 순이었다.

마스크팩을 팔고자 하는, 즉 돈을 벌고자 하는 뚜렷한 목적이 나의 원동력이 된 건 사실이지만, 난 중국을 사랑했고 중국인들과 진심으로 소통했다. 타깃 시장과 그곳의 고객층을 정확히 알고 내 마음을 전한다면 시장도 고객도 움직인다. 모든 일의 시작은 그 일을 사랑하는 마음과 진심과 열정이다. 목표만 있고 그 목표를 향한 진심과 사랑이 없다면, 앙꼬 없는 찐빵을 만들겠다는 것이다. 가끔 앙꼬 없는 찐빵을 좋아하는 사람을 만날 순 있겠지만 대다수는 앙꼬 없는 찐빵을 원하지 않기 때문에 100% 목표에 닿기는 쉽지 않다.

당신이 중국 시장을 보는 목적과 이유가 무엇인가? 당신에게 뚜렷한 목적이 있는가? 나처럼 당신도 돈을 벌기 위함이라면, 먼저 중국이라는 나라와 중국인을 이해하려고 노력해 보면 어떨까? 먼저 중국과 친해지고 그들의 마음을 움직여야 돈도 벌 수 있다! 왕홍이 되려면 목표만큼이나 어떤 자세로 중국인을 대하는지가 중요하다. 내가 판매하려는 제품만큼 중국을, 중국 소비자들을 사랑해야 한다. 코로나19 상황으로 우리는 마음대로 중국에 갈 수 없지만, 5G 모바일 환경이 구축되면서 전 세계가 연결되어 중국에 가지 않고도 SNS로 소통할 수 있게 되었다. 중국 SNS 중심에 바로 왕홍이 있고, 중국 시장 진입의 매개체인 왕홍을 우리는 제대로 알아야 한다.

02 무식하게 시작한 새로운 직업 '왕홍'

무지는 지식보다 더 확신을 가지게 한다.
– 찰스 다윈

단순히 2016년 당시 K-Beauty 하면 중국인들이 열광했기 때문에 내가 마스크팩을 생산했을까? No! 아니다. 마스크팩 생산을 결정하기 전에 이미 유통을 책임져 줄 총판을 결정해 놓은 상황이었다. 2016년 사회에서 알게 된 중국인 친구가 어머니와 에스테틱을 운영하고 있었는데, 본인들이 총판을 해줄 테니 만들어서 공급만 해달라고 했다. 난 만들지 않을 이유가 없었고, 그들의 요구 사항에 맞춰 마스크팩 디자인을 진행해 금형까지 새로 제작 주문했다. 한

그림 1-1 당시 생산한 아이메이미 마스크팩

국에 OEM[1] 생산을 맡겼고, 아이메이미로 이름 붙인 마스크팩 제작이 완료되자마자 2016년 상해 미용 박람회에 참가했다.

총판을 담당해줄 모녀와 함께 상해 미용 박람회에 가기 위해 설렘을 안고 상해행 기차에 몸을 실었다. 캐리어에 마스크팩 샘플과 홍보 전단지를 잔뜩 챙겨서. 도착해서 알게 된 사실인데, 우리는 박람회에 지정 부스가 없었다. 부스를 신청하지도 않고서 무작정 날 데리고 온 것이었다. 나보고 걱정 말라고 하더니 친구 어머니는 A관부터 돌기 시작했다. 그리고 E관쯤 왔을 때 갑자기 나보고 들어오라고 손짓했다. 안으로 들어갔더니 아이메이미 마스크팩을 전시

---

1 OEM(Original Equipment Manufacturing): 유통망을 구축하고 있는 주문 업체에서 생산성을 가진 제조 업체에 상품 제조를 위탁하여 완성품을 주문자의 브랜드로 판매하는 방식.

나만 아는 왕홍 이야기 **23**

하고 있는 모녀의 모습이 보였다. 베이징에서 온 향수 업체 사장님이 자신의 부스 반쪽을 비워 준 것이다. 중국 모녀의 무모함과 용기에 입을 다물 수 없었다. 향수와 화장품은 겹치지 않으니 전시 부스 비용의 반을 주고 같이 홍보하기로 합의를 봤다고 했다. 우리는 마스크팩을 홍보하면서 전시 부스를 함께 쓰고 있는 업체의 향수 샘플도 함께 증정했다. 중국인들의 사업 수단은 정말 보통이 아니라는 것을 처음으로 배운 날이었다. 첫날 많은 사람이 우리 부스에 관심을 보였는데 그 이유는 made in Korea 마스크팩이었고, 한국인인 내가 현장에 있었기 때문이었다. 한국인이 직접 홍보함으로써 한국 제품이라는 신뢰를 주었고, 이에 더해 당시 한국 드라마 '태양의 후예'가 인기 있었는데, 마침 우리 마스크팩 디자인에 의도치 않게 군복 스타일이 있어서 드라마 이야기로 홍보한 것도 한몫했다.

실제로 송중기 얼굴이 그려진 7days mask가 입점되어 있던 E관에 많은 사람이 몰렸고, 그 브랜드와 어떤 연관이 있느냐는 질문을 수차례 받았다. 아이메이미라는 내 브랜드가 입점되어 있는 곳은 한국관이 아닌 중국 내수 브랜드들이 많이 전시되어 있는 관이었다. 중국의 3대 미용 박람회 중 하나인 상해 미용 박람회는 40개국 3천여 업체가 참가하는 메머드급 행사다. 여자 셋이서 캐리어에 챙겨온 마스크팩 샘플 양은 그에 대응하기에 턱없이 부족했다. 많은 중국 바이어의 명함을 받았고, 추후에 마스크팩 자료와 샘플을 보내주기로 했다. 정신없이 박람회 첫날이 지나갔고, 나쁘지 않은 반응에 나는 희망이 생겼다. 둘째 날, 점심 시간이 지나 오후 두시 정도 되었을 때 중년의 바이어 한 분이 와서는 마스크팩을 전량 계약할 테니 자기 회사로 오라며 명함을 내밀었다. 너무 당황스러운 제안이라 반신반의했지만, 박람회가 끝나고 총판 모녀와 함께 명함에 있는 주소로 향했다. 다행히 그들은 우리를 반갑게 맞이해 주었고, 그 자리에서 현재 준비된 모든 마스크팩 물량을 계약하겠다며 마스크 공급 계약서를 작성하자고 했다. 곧 추가 발주도 이루어질 테니 한국 공장에 미리 추가 발주를 해두라고까지 이야기했다.

내가 한국인이어서 중국 문화를 모르는가 싶어, 총판 모녀에게 이렇게 진행되는 게 맞는지, 믿을 수 있는 건지 물었다. 자기네들이 회사 명함을 받고 알아보았는데, 10년 넘게 부동산업으로 회사 운영을 해오고 있고 군인이라는 신분을 갖고 있으니 확실하다고 했다. 우리는 계약을 하기로 결정했다. 내가 중국 바이어와 직접 계약하려고 했으나 총판 모녀가 총판인 자기네가 계약을 하겠다고 했고, 나는 아이메이미 마스크팩 한국인 모델이자 제조 책임자로 포지셔닝을 확실히 해줬음 좋겠다고 했다. 내키지 않았지만 총판인 그들의 결정을 따랐다. 이렇게 내 첫 브랜드가 중국에 잘 뿌려질 것이라고 생각했다. 나의 역할은 제조를 책임지고 앞으로 유통될 마스크팩의 재고를 확보하는 것과 한국인이 만든 마스크팩이라는 신뢰를 주기 위해 홍보 모델을 잘해내는 것이었다.

그러나 내가 처음 만든 마스크팩이 단번에 성공했다면 그 기쁨이 이루 말할 수 없었겠지만… 중국 시장은 그렇게 호락호락하지 않았다. 총판을 하겠다는 모녀는 대금을 받고 난 이후로 보이지 않았고 상해에 있는 회사도 하루 만에 사라졌다. 난 총판 모녀를 너무 믿었고 내겐 계약서도 그들을 찾을 단서도 없었다. 결국 두 번째 해운으로 중국 상해에 보내기로 되어 있던 마스크팩을 베이징에 있는 나의 집으로 받게 되었다. 이로 인해 화장품이 한국에서 중국으로 오려면 물류비가 얼마나 비싼지 알게 되었다. 어쩔 수 없이 방 한 칸을 마스크팩으로 가득 채우고서 나는 매일 마스크팩 박스를 보며 고민에 빠졌다. 갑자기 사라진 총판. 유통망도 없이 어떻게 이 많은 마스크팩을 판매할지 막막했다. 하지만 돈을 벌어야 했다. 마스크팩에 투자한 돈을 조금이나마 회수해야 했다. 내가 잘 준비한 씨앗인 마스크팩을 뿌려 홍보해야겠다는 생각뿐이었다. 하지만 다짜고짜 지인들한테 유명한 한국 마스크팩도 아니고 알려지지 않은 브랜드를, 그것도 내가 만들었다며 사라고 할 용기가 나지 않았다. 그때의 내 상황을 어느 누구에게도 알리고 싶지 않았다. 내 잘못이었다.

순간 한국에서 화장품을 제조해서 중국에 유통하는 중국 친구가 생각났다. 그 친구에게 일이 잘되고 있는지 물었더니, 마침 본인 브랜드로 방송 프로그램 PPL을 하게 되었는데 한국인 게스트가 필요하다고 했다. 난 방송 출연보다는 내 마스크팩을 홍보해서 팔아야 한다는 일념이었기에 출연료는커녕 자비로 티켓을 끊어 심천행 비행기에 몸을 실었다. 방송에서 피부 관리 비법을 이야기하는 시간이 있었는데, 기회를 놓치지 않고 한국에서 생산한 내 마스크팩으로 1일1팩을 한다고 강조했다. 비용 없이 내 마스크팩을 홍보하는 데 성공했고, 방송을 잘했는지 한 번 더 제안을 받았다. 지난번엔 탄력 관리를 위한 마스크팩을 방송에 노출했으니, 이번엔 새로운 기능의 마스크팩을 노출하겠다는 목표를 가지고 심천으로 향했다.

이렇게 우연한 계기로 중국에서 방송 생활을 시작하게 되었지만 내 목표는 확실했다. 마스크팩을 판매해야 했고 그 수단이 방송이었다. 방송 프로그램에 출연하는 기회가 쉽게 오는 게 아니기에, 모든 SNS를 통해 나 자신과 마스크팩을 홍보했고 라이브 방송을 했다. 무지했기에 용감할 수 있었던 나의 선택들. 무지는 나에게더 큰 확신을 주었다. 나중에 깨닫고 보니 내가 걸어온 길이 바로왕홍의 길이었다.

03 왕홍이 되는 지름길, 라이브 방송

은과 금은 불로 연단되고 사람은 남이 하는 말로 평가된다.
– 잠언 27:21

처음엔 중국 SNS를 하나도 몰랐다. 그때는 대부분 중국의 SNS와한국의 SNS 채널이 다르다는 것을 모르지 않았을까? 중국인은 우리가 아는 블로그, 트위터, 페이스북, 인스타그램을 이용하지 않았다. 나도 방송 생활을 하다 같이 출연했던 MC 혹은 왕홍들이 활동하는 SNS를 알게 되었고, 그게 바로 중국판 트위터인 웨이보微博다. 남의 이야기처럼 들렸던 SNS와 인연을 맺으면서 왕홍의 길에 들어서기 위한 초석을 다졌다.

많은 사람이 '라이브커머스', '왕홍'을 주변 곳곳에서 듣고 있지만 나와는 상관없는 일 혹은 언젠가 필요할 수도 있지만 아직은내 일이 아니라고 생각한다. 어쩌면 최근 핫한 라이브커머스 시장

나만 아는 왕홍 이야기 **27**

에 도전해 보고 싶지만 막상 시작하려니 방법을 몰라 고민하고 있는 사람이 있을 수도 있다. 나도 엄두가 나지 않았지만 하나씩 차근차근 해나갔다.

우선 참여한 각종 오프라인 행사 사진을 웨이보에 업로드했다. 마스크팩 정보를 사람들과 공유하고, 위챗微信 모멘트를 활용해 뷰티 프로그램에 나온 마스크팩 장면을 편집하여 지인들에게 홍보했다. 그랬더니 서서히 중국인 친구들이 나와 내 마스크팩에 관심을 갖기 시작했다. 뭐든 시작해야 기회가 온다. 2016년 당시 중국 MCN 회사들은 현지에서 공부하는 한국 유학생들 중에 라이브 방송에 관심 있는 친구들을 찾았다. 나도 라이브 방송으로 많은 사람에게 마스크팩을 알리고 파는 것이 가장 효율적인 방법이라고 생각했다. 난 뷰티 왕홍들이 가장 많이 활동했던 메이파이美拍라는 플랫폼에서 먼저 라이브 방송을 시작했다.

중국의 라이브 방송 플랫폼은 그때 이미 150개가 넘었고 그중에서 잘 알려진, 유저가 확보된 플랫폼은 50여 개 정도였다. 각 플랫폼의 특성과 유저의 특징을 알고 그에 맞춰 플랫폼을 선정하는 것이 가장 중요했다. 긍정적인 요소는 당시 한국인이 방송하면 많은 중국인이 관심을 가져 주었다는 것이다. 하루 기본 2시간 이상 라이브 방송을 하면 한 달에 적어도 만 명 이상의 팬을 확보할 수 있었다. 또한 한 달 30시간 라이브 방송 시간을 채우면 200만 원, 많게는 500만 원까지 플랫폼이 지원을 해주어 직업으로도 나쁘지 않았다.

그래도 가장 많은 유저를 확보하고 있는 플랫폼은 웨이보였기에, 웨이보랑 연계되어 있는 이즈보─直播라는 라이브 방송도 했다. 하루에 기본 3시간, 길게는 6시간까지 라이브 방송을 하면서 팬들을 모았고, 이때부터 중국인들과 기업들의 본격적인 트래픽(유입량) 싸움이 시작되었다. 다행히 난 2016년 왕홍이라는 직업이 화두에 올랐던 그때 중국에 있었고, 산업 현장에서 직접 왕홍으로 활동하면서 급속하게 성장하는 중국 온라인 시장을 몸소 경험했다.

하루에 3시간 라이브 방송 하는 것이 내게는 재미있는 일이었다. 돈도 벌고 친구도 사귀고 팬도 생기고 일석삼조였다. 이때 난 왕홍의 길로 들어서는 데 꼭 필요한 중국 팬을 확보하는 가장 빠른 지름길이 라이브 방송임을 배웠다. 여기서 핵심은 고정적인 시간을 정해 놓고 하루에 적어도 2시간 이상 방송해야 한다는 점이다. 라이브 방송을 통해서 유입된 사람들을 나의 진정한 팬으로 만드는 노력을 끊임없이 해야 한다. 팬들이 내 방송에 오래 머물게 하는 것이 가장 중요하기 때문에 콘텐츠에 대한 연구는 필수다.

중국어를 아예 못 한다면 소통에 어려움이 있는 건 당연하다. 하지만 진심은 통하기 마련이다. 번역기나 사전을 이용해서 중국 팬들과 소통하고자 노력하면 팬들이 내 방을 떠나지 않는다. 나도 사전을 활용해 중국어로 소통하다 보니 중국어 회화 실력이 상당히 향상되었다. 라이브 방송이 과외 선생님을 따로 구하지 않고 중국어 회화 공부를 할 수 있는 가장 좋은 방법이지 않나 하는 생각까지 들었다. 한 가지 더 팁을 주자면, 활동하는 1인미디어 플랫폼 메인 화면에 나에 대한 정확한 소개와 더불어 방송하는 고정 시간을 명시해 두는 것은 팔로워 확보에 엄청난 도움이 된다. 나와 소통을 원하는 중국 팬들이 있다면 고정적인 라이브 방송 시간에 들어와서 나와 친구가 될 수 있기 때문이다.

처음 라이브 방송을 할 때는 팔로워가 없기 때문에 생각보다 절망적인 순간이 많다. 나와 함께 이야기해 주는 사람이 없는데 혼자 한두 시간 떠드는 게 얼마나 힘든 일인지 해보지 않은 사람은 모른다. 매일 라이브 방송을 진행하게 되면 순발력이 생기고 멘탈도 강해진다. 혼자 시간을 끌고 가며 진행자 역할을 하고, 방송의 시작부터 마무리까지 해야 하기에 엄청난 에너지와 집중력이 요구된다. 그때 매일매일 라이브 방송을 하며 훈련을 한 덕에, 지금 난 코로나19를 위해 미리 훈련된 것 마냥 줌 회의, 비대면 특강에 누구보다 특화되어 있다. 라이브 방송은 처음 진행할 때가 가장 중요하다. 초반에 내 방송에 함께 해주는 사람들의 마음을 잘 읽어 찐팬으로 만들어야 하기 때문이다. 그리고 그들을 잘 관리해서 계속 좋은 관계를 유지해야 한다. 단순히 내 라이브 방송에 들어와서 나와 시간을 보내는 팬이 아니라, 이 팬들이 비즈니스적 가치를 결정하기 때문에 왕홍은 커뮤니티 관리에 힘써야 한다.

중국의 커뮤니티는 한국과 다르다. 나는 중국 팬들과 소통하는 창구로 위챗과 웨이보를 선택했다. 위챗은 개인 계정과 왕홍 계정이 따로 있었는데, 왕홍 계정은 공개되어 있어 하루에도 몇십 명씩 모르는 사람들이 추가됐다. 라이브 방송을 통해 위챗 커뮤니티 채팅방에 합류하게 된 팬들은 자신들의 존재를 내가 알아주길 바란다. 라이브 방송이 끝난 후에도 나와 소통하기를 원하기에 끊임없는 질문이 쏟아진다.

그들과의 관계를 잘 형성하기 위해서는 커뮤니티 관리에 상당 부분 힘을 써야 하는데, 그 예로 라이브 방송 하기 전에 미리 홍바오紅包[2]를 뿌리는 것이다. 중국돈 100위안, 우리나라 돈으로 17,000원 정도 되는 돈을 홍바오로 미리 뿌리면, 그들이 그 홍바오를 받아서 내 라이브 방송에 들어오고 선물을 쏘는 등 더 많은 상호작용이 발생한다.

이 홍바오를 뿌리는 방법은 새로운 팬이 들어왔을 때 더 큰 효과가 있다. 새로 온 사람들은 어느 정도의 상호관계가 생긴 우리 커뮤니티에 들어오기 위해서 본인의 영향력을 과시하고자 왕홍에게 선물을 쏘거나 상품을 구매하기 때문에 홍바오는 중요하다. 이렇듯 팬과 왕홍의 관계에는 기브앤테이크가 명확하다. 주고받는 것이 어디보다 더 명확한 게 이 왕홍 커뮤니티다. 어떤 팬은 왕홍을 통해 상품 정보를 얻고 싶을 수 있고, 어떤 팬은 왕홍에게 관심을 받고 싶거나 왕홍과 친구가 되고 싶을 수도 있다. 왕홍은 팬들과 끊임없는 밀당을 해야 한다.

왕홍 커뮤니티 관리는 일종의 게임이다. 내가 처음 왕홍 라이브 방송을 시작했을 때 알게 된 내 1호 팬들과는 지금까지도 인스타그램으로 연락한다. 왕홍과 팬 사이에도 신뢰가 있어야 관계가 지속될 수 있다. 왕홍의 라이브 방송 채널에 진입했을 때 1호 팬들의

2 　홍바오(紅包): 붉은 봉투라는 뜻. 중국에는 세뱃돈이나 결혼식 축의금을 줄 때 붉은색 봉투에 넣어 주는 관습이 있다. 위챗에는 홍바오 기능이 있어서 온라인 봉투를 서로 주고받는다.

역할은 정말 중요하다. 먼저 그들을 내 라이브 방송 채널의 매니저로 설정해야 한다. 혼자 라이브 방송 채널의 모든 역할을 하기는 힘들다. 이에 처음 들어온 팬들에게 역할을 줄 필요가 있다. 처음엔 팬이 없으니 무작정 나를 좋아해 주고 매번 라이브 방송에 와서 응원해 주는 중국 팬들에게 매니저 권한을 주었다. 매니저는 채팅방에서 사람을 강제로 내쫓거나 채팅을 못 하게 할 수 있다. 사람은 누구나 나에게만 특권이 있기를 원한다. 라이브 방송에서의 권력은 바로 매니저에게 있기에, 추후에 팬들이 많아지면 이 매니저 권한을 위한 쟁탈전이 벌어진다. 이건 겪어 본 사람만이 쾌감을 알 수 있다.

게임과도 같다는 말은 바로 이를 뜻한다. 그들은 매니저 권한을 얻기 위해 서로 게임을 한다. 나에게 잘보이기 위한 게임! 처음엔 날 누구보다 좋아해 주고 매일 내 방송 시간에 들어와 관리해 주는 매니저를 찾았다면 나중엔 이건 기본이고 부가적인 능력을 보고 선별한다. 예를 들어, 내가 중국어 읽기 실력이 부족하다면 채팅방에 들어온 새로운 팬들을 언급해서 대신 인사해 주고 내가 모르는 중국어 단어를 병음으로 가르쳐 주는 팬을 매니저로 선택할 수 있다. 또 내 라이브 방송에서 가장 선물을 많이 쏘고 상품도 많이 구매하는 팬이 일본인이라면 일본어를 할 수 있는 팬을 매니저로 지정하는 것이다. 나의 부족한 부분을 채워 줄 수 있는 매니저를 선택하면 도움을 받을 수 있다. 이렇듯 기존 팬들과의 관계, 새로운 팬을 유치하기 위한 전략은 24시간 생각해도 모자라다.

만약 여러분이 지금 왕홍을 만나고 싶거나, 왕홍이 되고자 한다면 먼저 묻고 싶은 한 가지가 있다. 당신은 한국과 다른 중국 SNS, 왕훙 생태계에 대해서 얼마나 아는가? 당신이 브랜드의 마케터라면 중국 SNS 계정을 만들고 먼저 중국인들과 친구가 되어라. 그리고 그들과 라이브 방송으로 실시간 소통을 하고 브랜드 혹은 당신에 대한 평가를 받아라. 그것이 바로 중국에 진출하고자 하는 당신이 꿰어야 할 가장 첫 번째 단추다.

04 '왕훙'에서 '왕훙 언니'로

너는 내일 일을 자랑하지 말아라. 하루 동안에 무슨 일이 일어날지 모른다.
– 잠언 27:1

2016년에 왕훙 라이브 방송 붐이 일었기 때문에 취미로 하다가 왕훙이 되었냐고 묻는 사람도 있다. 왕훙은 단순히 취미로 할 만큼 만만한 직업이 아니다.

내가 왕훙이 된 이유는 결정적으로 중국에 처음 런칭한 내 브랜드 아이메이미 마스크팩을 팔기 위해서였지만, 누구보다 더 열심히 활동해야겠다고 다짐한 계기는 따로 있다.

현재 화장품 브랜드사를 운영하는 분들이 내게 하는 말이 있다. '내가 조금만 더 일찍, 2016년도 한류 열풍이 불었을 때 중국에 제품을 런칭했다면 많은 돈을 벌었을 텐데…'라고. 그때 내가 중국 시장을 조사하고 수요를 아는 데 그치지 않고, 중국의 유통 시장과 구조를 조금 더 파악해서 제품을 판매했다면 대박을 쳤을지도 모른다. 하지만 그때 나도 made in Korea 화장품이면 중국 소비자들이

나만 아는 왕훙 이야기 **33**

무조건 환영해 줄 것이라는 오판에 거만했고, 중국과 중국인을 만만히 봤다. 중국 소비자의 심리는 한국 소비자보다 더 심오하다. 중국 대리상들의 유통 구조는 한국 대리상들의 유통 구조보다 훨씬 더 복잡하다. 대부분의 브랜드사가 중국 시장에 진입하고자 할 때 중국의 유통 구조가 한국과 다르다는 것을, 그들만의 마케팅 채널과 커뮤니티가 얼 마나 많은지 알지 못한 채 접근한다. '중국이라는 나라는 인구수가 많으니까 1개씩만 사도 돈을 번다'라고 단순히 생각하고 진출하는 경우가 대다수다. 하루 동안에도 무수한 일이 일어나는 세상에 살고 있는 우리는 단순하게 중국 시장에 접근해서는 안 된다.

중국 SNS 플랫폼에서 라이브 방송을 하며 활동을 하던 때의 일이다. 2016년 10월, 중국 대만에서 유명한 왕홍과 관련된 새로운 제안을 받았다. 샤오피 선생님小P老师이라는 왕홍과 한국에서 영상 촬영도 하고 한국어 통역도 도와달라는 것이었다. 유명한 왕홍을 눈앞에서 볼 수 있는 기회라, 난 당연히 하겠다며 한국으로 귀국했다. 일정은 간단했다. 샤오피 선생님과 같이 인천에 있는 셀트리온 공장을 방문해 우리나라 원조 비비크림인 한스킨을 소개했다. 올리브영, 롯데백화점 매장에 들러 라이브 방송을 하며 홍보 영상을 촬영했다.

이때까지만 해도 내가 한국의 1세대 왕홍이라고 불릴 거라곤 상상도 할 수 없을 만큼 너무나도 평범한 한국 여자 사람이었다. 하지만 이날 이후 왕홍들과의 네트워크가 생겼고, 무엇보다 엄청난 사실을 알게 되었다. 샤오피 선생님 같은 왕홍들이 브랜드 홍보 팸

투어 영상을 하나 찍는 데 억 단위를 받는다는 것이다. 연예인이 아닌 SNS상에서 유명한 일반 사람이 이런 대우를 받는다는 게 내겐 쇼크였고, 그날 이후 왕홍은 나에게 도전 대상이 되었다. 난 한국 촬영을 마치자마자 중국 이우로 날아갔다. 왕홍이 되는 것보다 마스크팩을 팔겠다는 의지가 더 강했던 내가 이젠 왕홍이 목표가 된 것이다. 왕홍이 되었을 때 물건을 판매하는 것 외에 다른 수익 구조가 있다는 것을 샤오피 선생님을 통해 알게 되었기 때문이다.

2016년 10월, 이우에서 왕홍 대회가 열렸고 한국인으로서는 최초로 도전장을 내밀었다. 운이 좋게도 10위 안에 들어 대회 참여자 대표로 인터뷰까지 하게 되었고, 그 후로 라이브 방송으로 진행되는 프로그램에 제의가 들어와 YY, 바이르어먼, CCTV 등 많은 방송에 참여할 기회가 생겼다. 바이르어먼 라이브 방송에서는 유일한 한국인 참가자로 프로그램 내 선물을 가장 많이 받아 인기 순위 1위가 되었고, 프로그램 내 메인 사진에 포함되는 영광이 주어졌다.

그러던 어느 날 위챗 모멘트에서 나의 근황을 본 북경대학교 한 선배가 왕홍 MCN 엔터테인먼트 회사 운영을 제안해왔다. 베이징에서 왕홍으로 활동하는 외국 친구들을 모아 콘텐츠 촬영부터 제품 홍보, 판매까지 해보자는 거였다. 왕홍으로 활동하는 것도 좋지만, 앞으로 다양한 분야의 글로벌 왕홍을 한국 기업들이 필요로 할 거라는 확신이 있었기에 왕홍 회사 대표가 되기로 결심했다. 일반 회사의 대표가 아니라 왕홍이라는 타이틀을 달고 회사 운영을 해야 했기에, 그 누구보다 더 열심히 방송을 하고 홍보하고 판매하며 모범이 되고자 했다. 2017년 1월, 메이크왕홍엔터테인먼트를 베이징에 설립했고, 본격적으로 중국어를 할 수 있는 외국 친구들과 함께 콘텐츠를 찍고 라이브 방송으로 제품 홍보를 하며 한국 제품들을 판매하기 시작했다.

우리가 택한 왕홍 마케팅 방법은 QR 코드를 활용하는 것이었다. 위챗 내 비즈니스 공식 계정을 만들고 상점을 개설한 후 왕홍들에게 각자의 QR 코드를 생성해 주었다. 그리고 판넬을 만들어 라이브 방송을 할 때마다 QR 코드를 스캔해서 바로 들어올 수 있도록, 한국에서 가장 핫한 제품들을 쉽게 구매할 수 있도록 했다.

나도 매번 라이브 방송에서 내 QR 코드를 홍보하여 물건 판매를 진행했는데, 월말에 판매 매출을 확인할 때면 친구들이 일하는 데 가장 큰 원동력이 란란(나의 방송 활동명) 대표였다고 말했을 정도니, 누구보다 진심으로 임했음은 확실하다. 난 회사 출근을 9시로 정하고, 새벽 6시부터 9시까지 하루 3시간 라이브 방송을 했다. 더 부지런히 움직이느라 잠자는 시간도 부족했지만, 누군가 나를 믿고 지지하고 응원하고 있단 생각에 힘이 생겼다. 더군다나 나의 콘텐츠는 뷰티 방송이었으니, 아침에 눈뜨자마자 라이브 방송을 켜서 팬들과 함께 화장하면서 뷰티 비법을 소개할 수 있는 이점이 있었다.

모든 것이 차근차근 진행되었다. 한국에 있는 제약 회사 및 제조사 제품들 중에서 소속 왕홍들이 원하는 제품을 선택하고 중국으로 들여와 판매를 시작했다. 조금씩 매출이 났다. 왕홍 라이브 방송의 구매전환율은 팬 수에 따라 다르지만 신인의 경우에는

6~10% 정도, 협업하는 방송은 10~20% 정도다. 다른 마케팅에 비해 높은 편이었기에 시장에서 왕홍 라이브 방송이 큰 역할을 할 것이라는 비전을 보며 더 열심히 했다. 위챗 상점만으로는 부족해 타오바오淘宝网에도 MIYOU LIVE라는 쇼핑몰을 개설하여 한국에서 잘 팔리는 제품들을 올렸다.

뷰티 전문가로 라이브 방송을 하다 보니 새로운 기회도 찾아왔다. 중국평안그룹의 건강보험 관련 APP이나 중국평안서비스 APP에서 각 분야 전문가를 초청해서 강의 동영상을 업로드하는데, 한국인인 나의 피부 관리 비법에 대한 강의 요청이 들어와서 종종 진행하기도 했다.

그러다 청천벽력 같은 소식이 들려왔다. 2017년 중국 정부가 사드 배치 보복을 본격화했고, 3월15일 중국이 한국 단체 관광을 금지하는, 이른바 금한령禁韓令을 실시하면서 중국에서 한국 불매운동이 일어난 것이다. 베이징 현지에 있던 우리는 바로 직격타를 맞았다. 라이브 방송을 하는 왕홍이 한국인이면 각종 욕이 쏟아졌다. 멘탈이 약한 친구들은 더는 방송을 할 수 없겠다며 그만두기 시작했고, 중국 왕홍 친구들도 한국 기업과 함께하지 못하겠다는 입장을 보였다. 이보다 더 큰 문제는 물류였다. 한국 화장품이 중국으로 들어오는 것 자체가 어려워졌고, 결정적으로 중국 타오바오 쇼핑몰에 한국인 라이브 방송이 허락되지 않았다. 타오바오 쇼핑몰 라이브 방송 신청마저도 불가능했다. 지금까지 준비했던 모든 것이 한순간에 물거품이 된 순간이었다. 순탄할 것만 같았던 내 계획과는 달리 하루 만에 중국은 내게 등을 돌렸다. 진정한 팬들과 일반 팬들이 나뉘어 나를 공격했고, 한국인이어서 환영받았던 라이브 방송 시장에서 한국인이라는 꼬릿표는 내게 화살이 되어 날아왔다.

왕홍의 길과 왕홍엔터테인먼트 회사 대표의 길은 쉽지 않았다. 정치적인 이슈는 내가 어떻게 할 수 없었기에 받아들이고 해결 방안을 찾는 것이 최선이었다. 왕홍엔터테인먼트 회사는 한국 제품을 중국으로 가지고 와서 판매하는 것이 아니라, 역직구 판매로 중국 제품을 한국으로 판매하는 새로운 비즈니스 모델을 논의했다. 결국 왕홍 MCN 콘텐츠 사업에는 더는 투자할 수 없다는 것이 내부의 최종 결론이었다. 난 지금까지 이뤄온 나의 경력과 네트워크를 포기할 수 없다는 생각에 모든 것을 내려놓고 다시 시작하기로 결심했다. 홀로서기를 위해 상해에 있는 위런마터우娛人码头 왕홍 회사와 파트너쉽을 맺고, 2018년도에 한국에 들어와 왕홍 마케팅 회사 설립을 준비했다. 그리고 2019년 1월 아이쾌AIKUA라는 법인을 설립했다.

많은 사람이 나에게 묻는다.

언제, 어디서, 어떻게, 무엇을 해서 왕홍이 되었나요? 왜 왕홍 사업을 하나요? 이제 내게 왕홍 사업은 뭔가 사명감이 되어 버렸다. 2019년도의 난 큰 포부를 가지고 왕홍 비즈니스를 하기 위해 한국에 돌아왔다. 하지만 이미 많은 업체가 중국 왕홍에 좋지 않은 시각을 가지고 있음을 알게 되었다. 도대체 왜 왕홍이 부정적인 이미지인지, 원인이 어디에 있는지 그 현상을 나름대로 연구하기 시작했다. 그러다 몇몇 업체와 미팅을 하면서 어렵지 않게 해답을 찾고 결론을 내릴 수 있었다. 그것은 왕홍 효과에 대한 불신 때문이었다. 왕홍을 다이렉트로 컨택할 수 있는 루트를 모르는 브랜드사들이 브로커를 통해 왕홍 판매 라이브 행사 혹은 왕홍 라이브커머스를 진행했고, 비용 대비 효과를 보지 못한 사례가 누적된 것이었다. 다시 말해, 브로커에 전적으로 의존한 왕홍 마케팅으로 의뢰자들의 기대와 희망을 실현할 수 없는 구조적인 문제가 있었던 것이다.

난 왕홍이라는 자부심과 강한 책임감이 발동해 왕홍 전도사가 되겠다고 다짐했다. 왕홍에 대해 가지고 있던 부정적 이미지를 불식시키는 동시에, 왕홍을 잘 활용했을 때 어떤 다양한 효과가 있고, 얼마나 브랜드 가치를 높일 수 있는지 널리 알릴 필요가 있었다. 또한 기업의 생명은 지속적인 이윤 창출과 브랜드에 대한 긍정적 이미지 확산에 있다는 것을 잘 알고 있기에, 여러 업체와 협력하여 효과적이고 실질적인 왕홍 프로그램을 적극적으로 소개하기 시작했다. 중국 진출을 원하지만 그 방법과 길을 모르는 업체들에게 왕홍 비즈니스에 대한 정확한 정보를 알려 주고 어떻게 하면 왕홍을 비즈니스에 최대로 활용할 수 있는지 그 노하우를 전했다. 침체된 기업이나 활로를 모색하는 기업가들에게 산소를 공급하는 듯한 새로운 기회를 제공하면서 그들에게 도전 정신을 일깨워 줬을 뿐만 아니라, 중국 시장을 보는 눈을 갖게 해주었고 이에 스스로 큰 자부심을 느꼈다.

그러다 2020년 코로나19 사태로 또 다른 국면을 맞이했다. 왕홍들과 한국 기업들의 비즈니스가 쉽지 않게 되었고, 한국 제품을 중국으로 홍보하기 위해서는 한국 왕홍이 절대적으로 필요하다는 생각을 했다. 전에는 마음만 먹으면 갈 수 있는 중국을 이제는 마음대로 갈 수가 없다. 중국 SNS 플랫폼을 통한 한국 제품의 홍보만이 살길이다. 그러려면 중국 SNS 플랫폼의 중심인 왕홍이 필요한데 중국 왕홍과의 협업은 쉽지 않은 실정이고, 중국 SNS 플랫폼에 팬을 확보하고 있는 한국 왕홍이 있다면?

생각 외로 중국 플랫폼에서 활동하는 한국 왕홍들이 꽤나 있다. 난 한국 기업의 중국 시장 진출을 위한 하나의 수단으로 한국 왕홍이 필요하다고 생각했다. 이에 2019년도부터 왕홍 아카데미를 통해 다양한 분야의 한국 왕홍을 양성하고 라이브 방송, 콘텐츠 제작 등으로 수익을 만들고 있다. 물론 왕홍이 되기까지의 과정은 쉽지 않다. 누구보다 부지런히 목표를 향해 움직여야 하고, 본인만의 콘텐츠를 만들기 위해 다양한 경험을 할 수 있는 기회가 있다면 적극적으로 참여해야 한다. 하지만 최근 KOL[3]급 왕홍들보다 KOC[4]급 왕홍과의 협업이 각광받고 있다. 비용 대비 효과적이어서 많은 브랜드사가 KOC 마케팅을 하고 있기에 더욱더 한국인 KOC 왕홍의 역할이 중요하다는 생각이 들었다. 2016년 내가 왕홍으로 활동했던 때보다 더 많은 왕홍 플랫폼과 왕홍들이 생겨난 지금, 왕홍을 찾는 것도 왕홍이 되는 것도 더 쉬워진 듯하지만 치열한 경쟁 시대에 브랜드사가 왕홍에게 선택받기도 왕홍으로 각광받기도 결코 쉽지 않다.

3　KOL(Key Opinion Leader): 영향력이 높은 대형 왕홍을 의미

4　KOC(Key Opinion Customer): 비교적 영향력이 있는 소비자를 의미하며, 실제 경험을 바탕으로 정보를 전달하여 신뢰도가 높다.

그러나 전과 달리 지금은 트래픽을 한번에 끌 수 있는 쇼트클립 플랫폼이 생겨났다. 틱톡抖音, 콰이쇼우快手 같은 플랫폼을 통해 한 영상으로 하루 만에 10만 명의 팬 확보도 가능하기 때문에 당분간은 승산이 있다고 본다. 2022 중국 틱톡이라는 쇼트클립 플랫폼이 상장을 한다는 소식이 들리고 있는 지금, 아마 앞으로는 새로운 왕홍이 탄생하기란 더욱 어려워질 것이다. 그러니 지금부터라도 왕홍 시장에 대한 정확한 이해를 바탕으로 왕홍 라이브커머스에 대한 구체적인 기획과 목표를 갖기를, 왕홍을 통한 매출 확대에 전념하기를 바란다.

제 2장
마케터라면 알아야 하는 왕홍 이야기

아무리 고급 시계라도 한 시간의 길이는 같고,
아무리 위대한 사람이라도 한 시간의 길이는 보통 사람과 다르지 않다.
- 탈무드

01   새로운 유통 트렌드 : 라이브커머스

코로나19 이후, 우리나라에도 새로운 유통 트랜드로 '라이브커머스'가 등장했다. 라이브커머스란 라이브Live streaming와 이커머스E-commerce가 합쳐진 말로 실시간 라이브 방송을 통해 제품이나 서비스를 판매, 구매하는 새로운 소비 유통 트랜드를 말한다. 이런 라이브커머스는 어디에서 먼저 시작되었을까?

코로나 이후로 빠르게 확산되었던 우리나라의 라이브커머스 시장과 달리, 중국은 2016년도부터 라이브커머스가 본격화되었다. 전세계에서 라이브커머스를 가장 먼저 시작한 곳은 바로 중국이라 할 수 있다.

2019년에 이미 중국의 전자상거래 소비자 규모는 7억 명을 돌파했고, 기존에 온라인 판매 상품으로 인기 있었던 의류, 화장품에서 오프라인 위주로 소비가 이루어지던 가전, 가구, 심지어 자동차, 부동산까지 라이브커머스로 판매가 확대되었다. 이에 많은 나라가 세계 최대 전자상거래 시장인 중국을 겨냥했다. 다양한 방법을 모색해 온라인 시장에 진출하기 시작한 것이다.

미국의 경우 라이브커머스 시장에 대한 관심도가 미약했는데, 최근 아마존 라이브커머스에 관심을 갖고 있다. 우리나라도 네이버, 카카오, 쿠팡, 배달의 민족, 11번가 등 전자상거래 플랫폼이 모두 라이브커머스 시장에 뛰어들었다. 우리나라 라이브커머스 기능을 막연하게 플랫폼에 탑재할 게 아니라, 우리나라에 맞는 라이브커머스 플랫폼 및 결제 시스템을 갖추는 등 전략이 필요하다. 4

년 연속 연간 150%가 넘는 성장률을 이어온 중국 플랫폼의 라이브커머스 수익 모델과 왕홍 활용이 도움이 될 수 있다. 중국은 이미 라이브커머스를 통한 매출 증대로 왕홍들의 사회 파급력이 확대되면서 중국 내 왕홍 경제란 용어까지 생겨났다. 왕홍은 소셜 네트워크 플랫폼에서 트래픽을 유입시키고 막대한 팔로워를 대상으로 상품을 판매한다. 자신을 팔로우한 팬들을 통해 구매전환율을 확보하며, 트래픽을 곧 상품 판매로 전환하여 수익을 확대시킨다. 실제 전통 미디어커머스의 구매전환율은 0.3%이며, 라이브커머스는 6~10%에 달한다. 탑급 커머스 왕홍은 20~30%에 가까운 구매전환율을 보여, 많은 기업이 왕홍을 통해 수익을 확대하고 싶어 한다.

우리나라의 경우에도 이커머스의 구매전환율이 0.3~1% 수준인데, 국내 라이브커머스의 구매전환율이 5~8%로 알려지면서 많은 기업이 국내 라이브커머스 시장 진입에 관심을 보이고 있다. 중국과 비교하면 아직은 걸음마 수준이지만 올해 상반기까지의 성장 추세만 보더라도 라이브커머스는 온라인 유통의 일상이 될 것으로 보인다. 실제로 한국 화장품 브랜드들이 왕홍을 통해 성과를 낸 실적이 알려지면서 많은 한국 기업이 왕홍을 찾기 시작했다. 포스트 코로나 시대, 이제는 왕홍을 통해 트래픽을 확보해야 하고, 바로 지금이 왕홍 트래픽을 통해 '라이브커머스'를 적극 활용하고 매출을 확대하기 가장 좋은 타이밍이다. 높은 소비자 관여도를 유도해 차별화된 공유 경험의 가치를 제공하고, 판매자와 소비자 간의 실시간 질의응답을 통해 구매전환율을 높이며, 모바일로 간편하게 주문 및 결제가 가능한 라이브커머스는 앞으로 유통 트랜드의 중심에

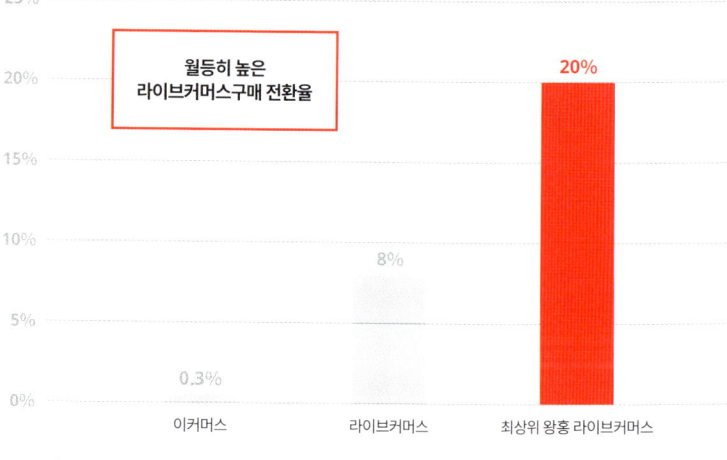

자료: 산업 자료,TWOAB, 이베스트투자증권 리서치센터

월등히 높은
라이브커머스구매 전환율

20%

8%

0.3%

이커머스 라이브커머스 최상위 왕홍 라이브커머스

표 2-1 라이브커머스 구매전환율 비교

라이브커머스 2.0 시대
스마트폰 시청자 증가로 단일 방송 콘텐츠에서
범엔터테인먼트로 확장

라이브커머스 3.0 시대
스마트폰 위주 시청으로
왕홍을 통한 라이브커머스 시장 확대

라이브커머스 1.0 시대
춤, 노래, 토크 등 개인 방송 위주

2005 **2015** **2018**

표 2-2 라이브커머스 변천사

마케터라면 알아야 하는 왕홍이야기 **47**

설 것이다.

표를 통해 확인할 수 있듯이, 중국은 2005년 개인 방송을 시작으로 2015년도부터 스마트폰 시청자가 증가하면서 본격적으로 라이브커머스 2.0 시대에 돌입했다. 2018년도부터 왕홍을 통한 라이브커머스 시장이 확대되면서 2019년에는 최고조에 다달았다. 2020년 코로나의 장기화로 라이브커머스 4.0 시대가 도래하면서, 왕홍뿐만 아니라 기업 대표, 연예인, 방송국까지 라이브커머스 시장에 진출했다.

중국의 전자상거래가 발전함에 따라 왕홍은 중국 경제 시장을 주도했고, 크고 작은 한국 기업들도 중국 시장으로 진출하기 위한 유일한 방법이 '왕홍 라이브커머스'라는 것을 깨닫게 되었다.

중국이 라이브커머스를 시작한 것은 2016년이다. 알리바바 그룹의 이커머스 플랫폼 타오바오가 2016년 '타오바오 라이브'를 시작하면서 라이브커머스가 주목받기 시작했다. 이후 막강한 자본력을 갖춘, 밀레니얼을 대표하는 '왕홍'이 라이브커머스에 합류하면서 중국 경제에 엄청난 파급력을 끼쳐 '왕홍 경제'라는 용어까지 생겼다. 왕홍들이 중국 경제 산업 전 영역에 미치는 영향력이 커지다 보니 전세계가 왕홍 라이브커머스를 주목했다. 2020년 3월까지 중국 온라인 스트리밍 플랫폼 가입자는 5억 6,000만 명으로 이는 전체 네티즌의 62%를 차지한다. 이 중 라이브커머스를 통해 물건을 구매하는 사용자는 2억 6,500만 명 정도로 집계되고, 가장 큰 라이브커머스 플랫폼인 타오바오 라이브의 하루 평균 누적 시청자 수는 1억 6,000만 명에 달할 정도다. 전자상거래의 대표 플랫폼인 타오

자료: SF익스프레스 코리아

표 2-3 플랫폼별 라이브커머스 도입 현황

바오, 징동이 라이브 방송을 개설하면서 이들이 만든 새로운 라이브커머스 시장은 꾸준히 성장하고 있으며, 2019년 라이브 방송을 통한 전자상거래 매출 규모는 3,900억 위안으로 전년보다 114% 증가했다.

　　중국의 왕홍 라이브커머스 방송의 규모는 점차 커지고 있고, 왕홍을 통한 마케팅과 라이브커머스 수요 역시 계속 증가할 것이다. 중국 시장에서 활로를 개척하던 많은 한국 제품이 왕홍 라이브커머스 덕을 보고 있다는 뉴스를 우리는 쉽게 접할 수 있다. 예시로 한국농수산식품유통공사(aT)와 매일유업이 올해 상반기 리자치와 함께 진행한 유제품 음료 라이브커머스 판매 행사에서 5분 만에 20만 개가 판매돼 1분당 1억 원의 매출을 올리기도 했다. 당시 동시 접속자 수는 1천 315만 명으로 매출과 별도로 광고 효과까지 보았다. 실제로 방송 이후에도 해당 제품에 대한 중국 유통 업체의 문의가 빗발쳤고, 총 1천 819개 매장에 신규 입점을 하는 성과를 거뒀다. 매일유업의 온라인몰 접속자 수와 매출액도 방송 전과 비교해

마케터라면 알아야 하는 왕홍이야기　**49**

각각 31.5%, 67.8%로 증가했다.

[표 2-4]를 통해 중국의 모든 플랫폼에 라이브커머스 기능이 탑재되어 있는 것을 확인할 수 있다. 전자상거래 성향의 플랫폼이든 SNS 플랫폼이든 중국은 라이브커머스 방송이 일상이다. 또한 2020년 상반기부터 라이브커머스를 통해 판매되는 상품도 더욱 다양해지고 있다.

중국 라이브커머스 판매가 많이 이루어지는 상품은 주로 화장품이다. 중국에서 가장 높은 GMV[5]를 올리는 왕홍의 경우 화장품 판매 비중이 최소 40%에서 최대 82%에 달한다.

또한 [표 2-5]을 보면 알 수 있듯이, 의류도 중국 라이브커머스에서 인기 품목이다. 중국의 라이브커머스 M/S 1위 업체인 타오바오 방송의 경우 월간 라이브 활성 사용자들이 의류, 화장품 순으로 높게 나타나고 있다. 중국의 품목별 온라인 시장 침투표를 보면 2010년에는 스킨케어, 메이크업, 생활용품이 많이 팔렸고 의복은 다소 저조했는데, 2019년도에 들어와서 메이크업 다음으로 의복의 침투율이 높은 것을 볼 수 있다. 이 역시 한국 라이브커머스 시장에서 눈여겨 보아야 할 점이다. 의복은 실제로 한번 사서 본인이 입어 보고 색상도 확인해야지 신뢰가 생기는 품목이다. 한 왕홍을 통해 여러 번 구매한 이력이 있다고 하면 주저 없이 구매하겠지만, 방송 한 번으로 바로 구매까지 이루어지기에는 다소 무리가 있다. 마

---

5   GMV(Gross Merchandise Volume): 전자상거래 업체에서 주어진 기간 동안 이뤄진 총 매출액, 총 상품 판매량

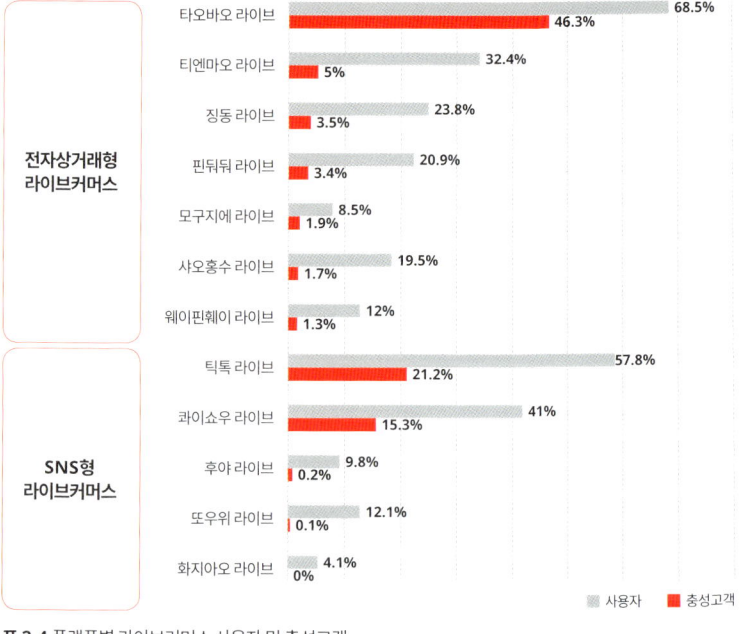

표 2-4 플랫폼별 라이브커머스 사용자 및 충성고객

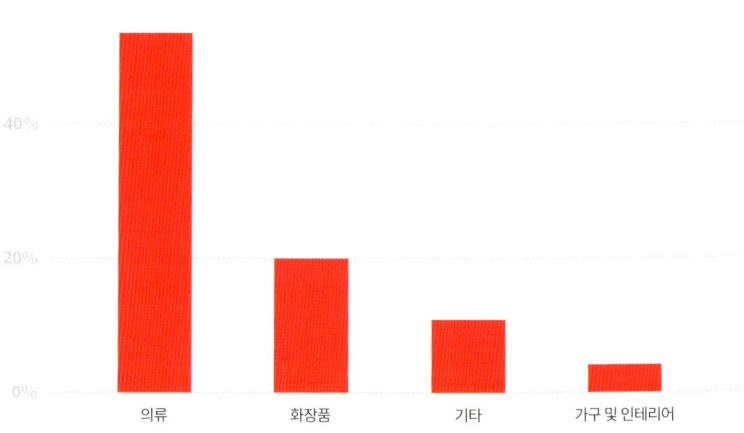

표 2-5 중국 타오바오 라이브 품목별 활성 사용자 비교

마케터라면 알아야 하는 왕홍이야기　**51**

찬가지로 한국도 초반에는 의류 판매가 다소 저조할 수 있지만 추후 어느 정도 플랫폼이 자리를 잡고 쇼호스트에 대한 신뢰가 생기면 매출이 급상승할 것이다.

최근 중국에서 라이브 방송을 통해 판매되는 품목군들이 다양해졌는데, BMW, 아우디, 테슬라 등 자동차 회사들도 라이브커머스를 통한 마케팅을 시작했다. 또 중국 내 6만여 명의 농민들이 타오바오 라이브에 가입해 농산품을 판매하고 있다. 부동산 회사들도 코로나19로 인해 2월 이후 약 151개 업체가 라이브 방송에 뛰어들었으며, 모델하우스에서 부동산 중개업자들이 생방송을 진행해 143개 업체가 온라인 분양을 완료하기도 했다. 이제 중국은 다양한 품목을 판매하는 전문 왕홍들이 생기고 있으며, 모든 산업에 라이브커머스가 적용되고 있다.

코로나19로 해외 여행자들이 국내에 입국하지 못하게 되면서 국내 면세 업계도 큰 타격을 입었다. 이제 관광객에만 의존할 게 아니라, 왕홍 라이브커머스를 통해 현지 소비자들의 마음을 사로잡는 것에 집중해야 한다. 2019년부터 현대면세점과 롯데면세점, 신라면세점 등은 각종 왕홍 행사와 정기적인 라이브커머스를 해왔고, 롯데면세점은 2019년 7월 1일 알리바바 그룹의 타오바오 글로벌과 협업해 500여 명의 왕홍을 초청해 라이브커머스를 진행했다. 한국 화장품 방송을 왕홍 라이브커머스로 진행할 때, 중국 시청자들의 반응이 좋고 신뢰도 역시 높다. 라이브커머스를 통한 판매는 소비자와 직접 의견을 주고받을 수 있기 때문에 더욱 발전할 수밖에 없다. 왕홍이 방송을 통해 홍보한 제품은 매출 상승과 홈페이지 방문객 증가 등으로 효과가 즉각적으로 나타난다. 또한 최근 중국 대표 이커머스 플랫폼들은 한국 에이전시를 활용해 적극적인 제품 소싱과 판매 방송을 전개 중에 있으며, 반대로 틱톡 글로벌판을 통해 made in China 제품을 한국으로 판매하려는 중국 MCN 회사들의 움직임도 보인다.

이제 중국에서 커머스란 누군가(왕홍)에 의해 상품 판매량이 좌우되는, 사회적 흐름을 이끌어가는 힘이라 볼 수 있다. 최근 연예인들의 커머스 활약에 힘입어 셀럽, 기업인, 더 나아가 일반인까지도 모바일 콘텐츠, 동영상, 소셜 미디어, 전자상거래, 생활 서비스 등 인터넷 플랫폼의 커머스 대열에 합류하고 있다. 라이브커머스 방송 플랫폼들은 각기 특색과 구분점을 가지고 있어 커머스 진행 방식에도 큰 차이를 보인다. 코로나19 이후로 라이브커머스 플랫폼이 많이 생겨난 한국과 달리, 중국은 왕홍들이 활동하는 라이브커머스 플랫폼이 이미 150개가 넘고, 현재 우리가 잘 알고 또 웬만큼의 유저가 확보된 라이브커머스 플랫폼만 50여 개 정도다. 마케터라면 대표적인 왕홍 라이브커머스 플랫폼을 기억할 필요가 있다.

먼저 모구지에蘑菇街라는 플랫폼이다. 2011년에 설립된 모구지에는 가장 초기에 만들어진 여성 콘텐츠 플랫폼으로 여성 중심의 소비가 이루어진다. 2016년 3월 라이브 방송을 처음 시작했고, 2018년 12월에 미국 뉴욕 증권 거래소에 상장했다. 초창기에는 여성 패션 1번가로 통하며 많은 왕홍이 활동했으나, 현재는 낮은 객단가와 성장의 한계로 뒤이어 생겨난 이커머스 플랫폼에 다소 밀린 양상이다.

그다음으로 앞서 계속 언급했던 타오바오 플랫폼이 있다. 중국의 가장 대표적인 왕훙 라이브커머스 플랫폼이라고 할 수 있으며, 중국 모바일 라이브 쇼핑 업계에서 시장점유율, 매출액 등이 압도적이다.

징둥京东은 1998년 6월 류창둥 회장이 창업했고, 텐센트腾讯가 투자한 B2C 플랫폼으로 시장점유율 2위다. 초창기에는 전자제품에 특화되었지만 현재는 품목을 확대하여 판매하고 있다. 초반에 타오바오를 겨누며 등장한 징둥은 2014년에 나스닥에 상장되어, 2015년 현재 중국 국내 온라인 쇼핑몰 시장점유율의 56.3%를 차지하고 있다.

왕이카오라网易考拉는 중국 인터넷 기업인 왕이网易의 산하 기업이다. 1997년 설립된 왕이는 '163.com'이라는 대형 포털 서비스를 비롯해 문화, 기술, 브랜드를 아우르는 거대 회사다. 왕이의 사업 분야 중에 이커머스 부분에 해당하는 플랫폼이 왕이카오라다. 중국 크로스보더 이커머스 분야에서 3년 연속 시장점유율 1위를 차지하고 있으며, 중국 전체 크로스보더 이커머스 시장점유율은 27% 수준이다. 2015년 1월 왕이카오라 설립 후 유아 용품, 뷰티, 의류, 가전제품, 식품 등 여러 품목을 취급하고 있으며, 정관장과 화장품 브랜드인 JM솔루션, 닥터자르트 등 한국 기업과도 협력 관계에 있다.

핀둬둬拼多多는 2015년도 9월에 이커머스 시장에 뒤늦게 등장, 지인 기반 상품 추천이라는 공동구매 플랫폼 성격을 가진 직구 플랫폼으로 초저가 전략을 택했다. 핀拼은 '모으다', 둬둬多多는 '많이'

라는 뜻으로 싸게 사려면 사람을 모아오라는 뜻이다. 물건을 구매할 때 혼자 구매하는 가격과 공동구매하는 가격을 동시에 표시하여, 많은 사람이 SNS로 상품 링크를 공유해 소비자들이 스스로 고객을 끌어들이게 했다. 무시받던 외각 지역의 고객들을 주목하며, 소득이 상대적으로 낮고 가격에 민감한 중국 3선 도시 이하 소비자들에게 인기를 끌었다.

위챗은 소셜 네트워킹의 최강자지만, 라이브커머스 플랫폼 중에서는 후발주자로 나섰다. 하지만 최근 틱톡 라이브커머스와 비교해도 크게 손색 없다. 위챗은 2014년도부터 모바일 메신저를 통한 거래 규모가 90% 이상의 성장률을 보인 배경을 보면 샤오디엔과 웨이디엔을 통해 이뤄지는 구매전환비율도 32.4%로 무시할 수 없다. 샤오디엔은 위챗 공식 계정을 통해 신청할 수 있으며, 우선 서비스 계정이 있어야 한다. 위챗 계정을 연동해야 하기에 기업 인증을 받은 계정이어야만 한다는 전제 조건이 있다. 웨이디엔은 위챗 공식 홈페이지가 아닌 웨이디엔이라는 앱을 통해 동일한 서비스를 제공받을 수 있다. 상품 관리, 주문 관리, 재고 관리가 가능한 것은 동일하나 비용적인 측면에서 웨이디엔이 더 저렴하다. 샤오디엔은 기업 인증을 받은 계정으로만 물건 판매가 가능하기에 어느 정도 품질 보증이 된다는 장점이 있다. 2017년 1월에는 위챗 미니프로그램 小程序이 출시되었는데, 이는 위챗 안에서 구현되는 일종의 미니 앱 개념이다. 외부 앱으로의 이탈을 막고 위챗 안에서 더 많은 서비스를 구현할 수 있다. 별도 앱을 개발하는 것보다 위챗 안의 미니프로그램을 개발하는 것이 금액적인 부담이 덜하고, 개발 역량에 따라 위챗에서 공식적으로 지원하지 않는 다양한 기능을 사용할 수도 있다. 위챗은 현재 텐센트 라이브, 기업 위챗 라이브, 마이크로 라이브 3가지 방식으로 운영되고 있다.

위챗 라이브커머스 플랫폼의 장점은 아무래도 월 11억 명의 활동 유저를 보유하고 있기에, 위챗 라이브 방송 기능이 탑재되었을 때 곧 11억 명의 유입량을 기대할 수 있다는 부분이다. 위챗의 라이브 방송 기능 활성화 이후 유저들은 너도나도 위챗 라이브에 뛰어들었다. 또한 틱톡, 타오바오와 같은 라이브커머스 플랫폼에서 위챗 광고를 진행하면 각 플랫폼 규정 위반으로 방송이 제한될 수 있으나, 위챗은 타 플랫폼 광고가 모두 허용된다. 위챗 라이브 개통 이후, 사용자들이 라이브를 시청하고 공유하고자 한다면 위챗 샤오청쉬少程序, '라이브 볼거리'에서 확인 및 실행이 가능하다. 별도의 앱을 다운로드할 필요가 없어 원가가 대폭 절감되는 효과도 누릴 수 있다. 또한 위챗 라이브 방송 시 왕홍은 대중에게 자신의 위챗을 추가하도록 유도할 수 있으며, 실시간으로 라이브 링크를 커뮤니티에 공유하여 소비자와 더욱 가까워질 수 있다. 위챗 라이브커머스로 발생된 트래픽은 위챗 플랫폼 내로 한정된다. 따라서 시청자는 라이브 방송 시청 시 마음에 드는 상품이 있으면 위챗 내에서만 구매할 수 있으므로 타오바오, 쑤닝, 웨이핀후이唯品会 등의 기타 플랫폼으로 상품 링크가 유출되거나 랜딩되지 않으므로 트래픽 실추율을 낮출 수 있다.

샤오홍슈小红书는 리뷰 콘텐츠가 즉시 구매로 이루어지는 단 하나의 C2C 플랫폼으로, 2013년 6월에 설립된 스타트업 기업이다. 뷰티, 일상뿐만 아니라 해외 각국의 상품과 문화 등을 리뷰하는 플랫폼이다. 중국판 인스타그램으로 생각하면 되는데, '중국의 모든 유행은 샤오홍슈에서 시작한다'라는 말이 있을 정도로 젊은 세대에서 영향력 있는 플랫폼이다.

콰이쇼우는 2011년 3월에 시작하여 2015년에 하루 평균 적극 이용자 수가 1,000만 명을 넘어서며 중국에서 가장 큰 모바일 일상 공유 플랫폼으로 성장했다. 1억 6,000만 명의 일일 열혈 이용자 수를 보유하고 있으며, 왕홍 위주의 콘텐츠를 추천하기보다는 일반인들 콘텐츠가 주목받기 쉬운 추천 시스템을 가지고 있어서 커뮤니티로서의 특성이 크며, KOC 왕홍들이 많다. 가장 유명한 왕홍으로는 신바(신유지)가 있다. 콰이쇼우의 경우, 타 커머스 플랫폼에 비해 시장성이 약했으나 플랫폼 유저들의 높은 충성도 덕분에 플랫폼의 가치는 현재 286억 달러에 달한다. 최근 징동과의 라이브커머스 연계로 커머스 플랫폼 중에서는 가장 높은 잠재력을 보인다. '사람' 중심의 운영 방식을 추구하여 왕홍들은 팬들과의 관계를 유지하는데에 많은 시간을 할애하고 있으며, 이는 재구매율을 상승시킨다. 콰이쇼우는 주로 3선 도시의 유저에 치중되어 있다. 시장성이 낮은, 플랫폼 상점 내 저렴한 제품 위주로 판매하기 때문에 1선, 2선 도시 유저의 트래픽을 끌어오기가 쉽지 않아 초반에는 틱톡보다 저평가되었다. 그러나 진입장벽이 비교적 높지 않기 때문에 3선 도시 이하에서는 높은 판매량을 기록하고 있다.

쇼트 비디오 플랫폼인 틱톡은 글로벌판으로는 틱톡이라고 불리는데, 최근 우리나라에도 유행하기 시작했다. 여러 가지 챌린지로 많은 기업이 마케팅을 진행하여 우리나라 대중에게도 익숙하다. 틱톡은 짧은 영상으로 단시간에 사람들의 이목을 끌 수 있다는 장점이 있으며, 왕홍 마케팅에 주로 쓰이는 대표적인 플랫폼 중 하나다. 틱톡 안에서 개인의 상점을 개설해 틱톡 라이브커머스를 진행할 때, 상점의 링크를 걸어 왕홍 라이브커머스 매출을 증대할 수 있다. 유저들이 직접 실시간 라이브 방송이나 짧은 뮤직 비디오를 제작하여 공유할 수 있는 다운로드 1위 플랫폼이다. 틱톡 플랫폼의 장점으로는 일일 활동 유저가 많아 커머스로 진입하기에 용이하다는 점이다. 2020년 1월에 틱톡은 일 평균 활동 유저가 4억 명에 달했으며, 누구나 라이브커머스를 진행할 수 있다. 초반에는 주로 청년층이 활동했지만 연령대가 점차 확대되고 있으며, 기본적으로 30세 이하 유저의 비율이 93%, 1, 2선 도시 사용자가 38%인 것으로 나타났다. 이에 브랜드사들은 나이가 비교적 어린 친구들에게 관심을 가지고 그들 사이에서 핫한 제품에 적극 투자할 필요가 있다. 화장품, 기초케어 제품, 의류 등의 분야는 반드시 젊은 소비자층을 먼저 공략해야 하며, 최근 틱톡을 통한 라이브커머스 판매 매출이 급상승하고 있다.

타오바오 플랫폼은 라이브계의 원조로, 약 1,000억 이상의 GMV(고정 시간대 총 거래금액)와 8억 명의 유저를 자랑하며 시장 잠재력이 아주 높다.

타오바오 전자상거래는 이미 활성화되어 있기 때문에 왕홍이 제품이나 기타 필요한 자원을 직접 발굴할 필요가 없다. 이는 팔로워가 적은 왕홍에게는 아주 좋은 수단이 될 수 있다. 또한 전자상거래의 원조인 타오바오 플랫폼 자체만으로 인지도와 신뢰도가 높기 때문에, 소비자는 자연스럽게 라이브커머스를 진행하는 왕홍들에게 편향적인 충성심을 갖는다. 또한 라이브 방송을 진행하는 왕홍들이 자신의 팬덤에게만 다양한 혜택(쿠폰, 할인 등)을 많이 제공하는 것도 소비자의 구매 의욕을 자극시키며, 이는 곧 상품 구매전환율로 이어진다.

다양한 중국 내 왕홍 플랫폼이 모두 라이브커머스 방송 기능까지 확장하고 있으며, 엔터와 오락 분야에서 활동하던 왕홍들까지도 플랫폼 내 상점 운영을 통해 물건을 판매하고 있다. 최근 유저 3억 명의 중국 최대 라이브 스트리밍 커뮤니티를 가지고 있는 후야 虎牙直播라는 플랫폼도 플랫폼 내 상점을 오픈하였고, 더 나아가 한국인들도 플랫폼 내 실명인증을 통해 라이브 방송으로 중국 팬들과 소통하고 물건을 판매할 수 있도록 기회를 열어 주었다. 현재로서는 한국인이 여권으로 실명인증을 하고 라이브 방송을 할 수 있는 유일한 플랫폼이다.

온텍트ontact 시대, 라이브커머스 시장은 급속도로 성장하고 있다. 한국 기업이 중국에 진출하기 위한 하나의 도구로 라이브커머스의 중심인 '왕홍'을 찾는 것은 당연한 이치다. 2020년 코로나19 사태로 많은 브랜드사가 그간의 손실을 만회하기 위해 왕홍 라이브커머스를 시도하고 있고, 앞으로 그 성장세는 더욱 가파를 것으로 예상된다. 더불어 중국 라이브 플랫폼에서 한국 왕홍들의 한국 제품과 기업을 홍보하는 역할이 막중해질 것으로 기대해 본다.

02   새로운 유통 트렌드: 왕홍

1장에서는 왕홍 언니의 실제 경험을 중점적으로 이야기했다면, 이제는 우리 모두가 알고 싶어 하는 왕홍에 대한 실질적인 이야기를 해보겠다. 최근 코로나19 사태 이후, 중국과 관련된 일을 하던 많은 사람이 타격을 입었지만, 사실 나는 중국을 갈 수 없게 되면서 더 바빠졌다. 중국에 가지 않고도 한국에서 중국 시장에 진입할 수 있는 유일한 방법이 바로 '왕홍'이라는 것을 사람들이 인지했기 때문이다. 근래 코로나19의 장기화로 한국에서도 '네이버 쇼핑라이브', '카카오 쇼핑라이브', '그립' 등이 등장했고, 왕홍의 라이브커머스 시장에 대한 관심과 이해도가 증가하고 있는 것이 사실이다. 국내에 왕홍에 대한 인식이 거의 없었을 때는 왕홍과 관련하여 말을 하면 왕홍이 그저 어떤 특정한 중국 사람의 이름으로 오해하는 일이 많았다. 하지만 최근에는 왕홍에 대한 대중의 인지도가 상당히 높아졌고 많은 사람이 왕홍을 안다.

또한 세계적으로 전자상거래와 SNS의 활성화로 온라인상에서 실시간 방송 및 동영상 콘텐츠를 공유하는 문화가 형성되었다. 스마트 미디어의 확산과 초고속 인터넷망의 발전에 힘입어 인터넷 동영상 콘텐츠에 대한 선호가 뚜렷해졌고, 주변을 둘러보면 SNS에서 활동하는 왕홍들도 많다. 언택트를 넘어 온택트 시대에 들어서면서 스마트폰, 태블릿, PC와 같은 스마트 디바이스를 통해 언제, 어디서든 실시간 방송과 VOD 서비스를 이용할 수 있다. 인터넷을 통해 볼 수 있는 TV를 일컫는 OTT_{Over The Top} 혹은 N-스크린 서비스가 확산되며, 필연적으로 인터넷 네트워크 트래픽이 폭증했다. 트래픽 시대로서 중국의 많은 기업이 인지도 있는 유명 배우 혹은 왕홍의 콘텐츠를 활용하여 더 많은 트래픽 풀을 획득하기 위한 싸움을 하게 되었다 해도 과언이 아니다. 트래픽 배당이 점진적으로 사라지는 상황에서 왕홍 팬 경제가 SNS 영향력을 지배했고, 중국의 많은 브랜드가 제품 홍보 모델로 유명 여배우나 왕홍을 쓰면서 유입량에 집중한 왕홍 마케팅을 하게 되었다. 특히 코로나19 이후로는 왕홍들이 유명 배우들을 제치고 SNS 시장에서 트래픽을 점령하고 있으며, 왕홍들이 운영하는 1인 미디어 플랫폼은 다가올 미래의 유통 대안으로 대단히 중요한 위치를 차지하게 되었다. 이렇듯 새로운 유통 시장의 중심에는 왕홍이 있다.

왕홍이란?

일반적으로 '왕홍网红, WangHong'은 온라인과 SNS를 중심으로 활동하며 많은 이에게 영향을 미치는 인터넷 스타를 지칭하는 말로, 왕루어홍런网络红人을 줄인 말인데, 문자상으로는 인터넷을 의미하는 '왕网'과 인기를 뜻하는 '홍红'이 합쳐진 말이다. 즉 왕홍이란 중국 온라인 SNS에서 많은 팬을 가진 영향력 있는 유명인사를 지칭해왔다. 중국의 대표적인 왕홍으로는 웨이야薇娅, 리자치李佳琦, 장다이张大奕, 리즈치李子柒 등을 이야기할 수 있다. 중국의 대표 왕홍들을 이해하기 앞서 먼저 왕훙에 대한 구체적인 이해가 필요하다.

국내에서는 왕훙이 어떤 일을 하고, 어떻게 수익을 내는지 자세히 알지 못하기에 구체적인 활동 분야나 플랫폼에 따라서 호칭이 다르다. 왕훙이라는 한 단어로 표현되는 중국과 달리, 한국에서는 왕훙을 인플루언서, 유튜버, BJ 등 다양하게 표현한다. 사회가 기관에서 개인으로 넘어가고 있으며, 모든 사람이 시시각각 새로운 디지털 시대 민주사회의 주역으로 떠오르는 지금, 모두가 온라인 콘텐츠의 사용자이자 창조자인 왕훙이 될 수 있기에, 먼저 왕훙이라는 단어를 새롭게 정의하고자 한다.

일반적으로 왕훙을 분류하자면, 크게 콘텐츠 왕훙과 커머스 왕훙 두 가지로 나눌 수 있다. 콘텐츠 왕훙의 경우, 본인만의 콘텐츠 혁신에 많은 노력을 기울이며, 고품질 콘텐츠를 지속적으로 출력해 트래픽을 팬으로 전환하려는 전략을 짜는 데 많은 에너지를 쏟는다. 더 세부적으로 들어가면 콘텐츠 왕훙에는 비주얼 왕훙과 감성형 왕훙이 있는데, 비주얼 왕훙으로는 얼굴과 노래 실력을 겸하여 화제가 되었던 고양이송의 펑티모冯提莫를 예로 들 수 있고, 감성형 왕훙은 할머니와 단둘이 중국 시골 마을에 살며 소소한 일상을 공유하는 리즈치를 예로 들 수 있다. 커머스 왕훙으로는 본인의 분야에 전문적인 지식을 갖추고 제품을 홍보, 판매하는 달인형 왕훙과 일반적으로 업계나 사회의 리더로서 성공한 사람인 리더형 왕훙이 있다. 리더형 왕훙의 예로 인터넷 방송을 통해 직접 회사 제품인 에어컨을 팔아 1,200만 위안(약 20억 원) 매출을 냈던 거리전자 회장 둥밍주나, 누구나 다 아는 알리바바 그룹의 창시자 마윈 등을 말

콘텐츠 왕홍		커머스 왕홍	
비주얼 왕홍	감성형 왕홍	달인형 왕홍	리더형 왕홍
외적 아름다움을 부각하여 팬들을 유입하는 왕홍 예: 펑티모	감성을 자극하는 스토리로 팬을 유입하는 왕홍 예: 리즈치	본인의 분야에 전문적인 지식을 갖춘 왕홍 예: 웨이야, 리자치, 신바	일반적으로 업계나 사회의 리더로서, 기업 대표 혹은 성공한 사람 예: 둥밍주, 마윈

표 2-6 왕홍의 종류

할 수 있다. 중국에서 이야기하는 새로운 유통 트랜드의 중심인 커머스 왕홍을 한국에서 한마디로 정의하기는 아직 시기상조인 듯하다. 2016년 당시 중국에 왕홍이 처음 등장했을 때와 지금 한국 라이브 시장의 상황은 별반 다를 게 없다. 2019년 새롭게 등장한 라이브커머스 시장에서 활동하는 사람들을 부르는 신조어가 생기고 있으며, 분명 한국에도 새로운 유통 트랜드의 중심인 한국인 왕홍이 등장할 것이라 확신하며 앞으로 활약할 그 누군가를 기대해 본다.

중국의 대표적인 왕홍

왕홍이 끝없이 등장하며 왕홍의 정의를 풍성하게 하는 시대에 우리는 살고 있다. 누군가 내게 왕홍에 대한 정의를 묻는다면, '왕홍은 권위에 의해 힘을 얻을 필요 없이 스스로 힘을 실어 줄 수 있는 인류 역사상 최초의 뉴밀레니엄 세대의 리더'라고 이야기하겠다.

과거에는 사회에서 인정받는 인물들이 다른 무언가에 의해 힘을 얻고 권한을 부여받았다면, 현 시대에는 권위는 있지만 다른 배후가 없는 사람들을 우리는 많이 만난다. 그들 중에 하나가 바로 왕홍이다. 그럼 중국 여러 산업에 걸쳐 많은 영향력을 발휘하고 있는 대표적인 왕홍, 타오바오 1위 왕홍 웨이야부터 립스틱 오빠 리자치, 전자상거래 왕홍 장다이, 쇼트클립 동영상 왕홍 리즈치까지 4명의 대표적인 활동 경력을 살펴보자.

웨이야의 본명은 황웨이黄薇로 1985년 중국 안후이성 루장현에서 태어났다. 웨이야는 필립스Philips, 세계 500대 기업 프록터 앤드 겜블PROCTER & GAMBLE, 중국 대기업 리바이立白 등 세계 유명 브랜드의 우수한 제품을 소비자에게 추천하는 타오바오 1위 왕홍이다. 17살의 어린 나이에 옷가게 운영을 시작해 가수와 MC의 길을 걷다가 연예계를 떠났다. 이후 옷가게를 계속해서 운영하다가 2012년 타오바오에 온라인 의류 상점을 오픈하고, 2016년 5월에 알리바바 타오바오와 왕홍 MCN 계약을 체결했다. 타오바오 팔로워 수 1,000만 명 이상, 1회 라이브 방송 평균 시청자 수 1,000만 명 이상을 자랑하며 합작 브랜드사는 300여 개에 달한다. 웨이야의 대표적인 활동 경력으로는 2018년 자카르타 아시안게임 성화봉송 릴레이 주자, 2019년 알리바바 탈빈공정 프로젝트 대사, 타오바오 10대 부빈공익 대사, 일대일로 태국 제품 추천 대사 등이 있다. 웨이야는 현재 중국 항저우에서 치엔쉰謙寻이라는 자신의 MCN 회사를 운영하고 있다. 왕홍 엔터테인먼트 회사 대표로서, 직접 왕홍 활동을 하면서 왕홍들을 양성하고 있다.

리자치는 립스틱으로 유명해진 왕홍이다. 2015년 대학 졸업 후 중국 장시성 난창시에 있는 로레알BA 회사에 화장품 전문 미용 컨설턴트로 취직했다. 2016년 중국 미ONE美ONE 회사와 로레알과 함께 'BA(오프라인 판매 전문 사원) 왕홍화'를 기획했다. 이를 계기

그림 2-1 중국 여성 왕홍 1위 웨이야

웨이야 라이브 방송 이력	
2016년	5월 첫 라이브 방송 당일 시청자 수 5,000명 달성
2017년	10월 10일 겨울 옷 축제 하이닝 출신 판매자의 도움으로 매출 7,000만 위안 달성

2018년	1. 빼빼로데이 라이브 방송 2시간 만에 매출 267억 위안 달성
	  - 단품 최고 판매량 65만 개
	  - 단품 최고 매출 2,700만 위안
	2. 연간 매출 27억 위안 달성

2019년	1. 618데이 매출 5억 위안 달성 2. 10월 10일 상점 매출 3억 2,300만 위안 달성 3. 빼빼로데이 라이브 방송 당일 시청자 수 4315.36만 명 달성 4. 빼빼로데이 사전 예약 판매 10억 위안 돌파
2020년	연간 매출 225억 위안(약 3조 9,435억 원) 달성

자료 출처: 중상산업연구원

마케터라면 알아야 하는 왕홍이야기   **65**

로 리자치는 라이브 방송 왕홍으로 전향했다. 2018년 9월, '30초 만에 가장 많은 립스틱을 바른 인물'로 기네스북에 도전하여 세계 기록 보유자가 되었으며, 이후 네티즌 사이에서 '립스틱 오빠'로 통한다. 2018년 빼빼로데이에 마윈과의 생방송 립스틱 판매 대결에서 승리했으며, 2019년 10월 17일, 2019 중국 포브스에 30세 이하 엘리트 명단에 올랐다.

리자치는 타오바오에서 최상위권을 달리는 커머스 왕홍으로, 뷰티 분야에서 1위(팔로워 수와 인터랙티브 품질 대비)에 등극했으며, MCN 회사 미ONE을 운영하고 있다. 또한 그는 웨이보, 틱톡, 샤오홍슈, 콰이쇼우 등의 플랫폼에서 막대한 팔로워를 보유하고 있다. 틱톡 팔로워 수 4,000만 명 이상, 샤오홍슈 800만 명 이상, 웨이보 1,200만 명 이상으로 활동 중인 전체 플랫폼의 팔로워 수를 모두 합하면 약 6,000만 명에 달한다.

장다이는 중국루한투자회사의 창시자이자 CMO다. 타오바오에서 여성의류 상점인 '나의 즐거운 옷장'과 티몰Tmall에서 뷰티 상점 'BIGEVE'를 각각 운영하고 있으며, 엄청난 팔로워를 보유한(소셜 플랫폼 1,173만 명, 타오바오 여성의류 상점 1,162만 명, 티몰 뷰티 상점 95만 명) 그녀는 업계 최고 매출을 기록하고 있다.

초창기 타오바오 1세대 왕홍인 장다이는 모델 출신으로, 패션 블로그를 운영하는 동시에 2014년부터 타오바오에서 여성의류를 판매했다. 웨이보에 판매하고 있는 의류를 소개한 동영상을 올려 소비자의 신뢰를 얻었고, 매장을 오픈한 이후 1년 동안 5번의 판매왕을 기록했으며 한 달 수익이 수억 원에 달했다. 장다이가 업로드

그림 2-2 중국 남성 왕홍 1위 리자치

리자치 타오바오 커머스 이력	
2018년	빼빼로데이 32만 개 상품 판매(장다이의 도움으로 10초간 1만여 개 클렌징폼 판매)
2019년	1. 3.8 세계 여성인의 날 라이브 방송 15분 만에 1만 5,000여 개 립스틱 판매 2. 618데이 라이브 방송 3분간 매출액 600만 위안 돌파 3. 618데이 타오바오 라이브 방송으로 15만여 개 타투립스틱 판매, 　3분 만에 시세이도 얼티뮨 에센스 5,000개 판매, 1분 만에 유종리 냄비 4만 개 판매 4. 빼빼로데이 1회 라이브 방송 시청자 수 3683.5만 명 달성 5. 빼빼로데이 사전 예약 판매 10억 위안 돌파
2020년	연간 매출 139억 위안(약 2조 4,362억 원) 달성

자료 출처: 중상산업연구원

마케터라면 알아야 하는 왕홍이야기　**67**

한 제품은 2초에 5,000개씩 판매되면서 2015년 타오바오 전체 매출에서도 2위를 차지했고, 빼빼로데이에는 3일 만에 신제품을 모두 팔아치우며, 오프라인 상점에서 팔 1년치의 물량을 모두 소진했다.

장다이는 2015년 소호SOHO 패션 페스티벌에서 올해의 모델과 왕홍 후보자로 선정되었다. 그녀는 타오바오가 주최한 쌩얼 대회에서도 1위를 차지했으며, 중국 패션 매거진 〈루이리瑞丽〉, 〈미나米娜〉, 〈씬웨이昕薇〉에서 주로 활동하고 있다. 장다이는 2019년 9월 18일 웨이보 공식 계정에서 라이브커머스를 정식으로 시작했다. 2019년 9월 21일, 3일간의 방송 집계에 따르면 누적 시청자 수는 275만 명, 방송 시간 내 7시간 만에 매출액 6,000만 위안을 달성하여 영향력을 입증했다. 또한 2017년부터 2019년까지 3년간 중국 내 왕홍 전자상거래 1위 회사 루한에서 각 50.8%, 52.4%, 53.5%의 수익을 가져간 것으로 알려졌다.(자료 출처: 중상산업연구원)

우수 콘텐츠로 커머스 왕홍의 길을 실현한 왕홍도 있다. 바로 쓰촨성 몐양시 출신 1990년생 왕홍 리즈치다. 2019년 말, '중국문화, 수출할 것인가 말 것인가'라는 주제의 영상 콘텐츠로 중국 국영 매체(인민일보, CCTV, 신화왕)에서 극찬을 받았으며, 중국 쇼트클립 동영상 창시자다.

틱톡에서 약 3,959만 명의 팔로워를 자랑하며, 545여 개의 영상으로 총 1만 3,000억 개의 좋아요를 보유하고 있다. 웨이보에는 약 2,327만 명의 팔로워를 보유하고 있으며, 2019년 웨이보 왕홍데이에 '가장 인기가 많고 상업적 가치를 가진 사람'으로 평가되었다.

그림 2-3 전자상거래 1세대 왕홍 장다이

유튜브 팔로워 수는 약 1,200만이며, 총 103여 개의 동영상을 제작하여 누적 10억 회의 조회수를 달성했다. 동영상 1개당 최소 500만에서 1,000만 조회수를 자랑한다. 또한 전세계에서 유명한 매체인 CNN에 약 806만 명의 팔로워를 보유하고 있다.

국내외 인지도와 영향력의 상승으로, 리즈치가 브랜드사와 함께 개발 및 제조한 음식이 티몰 직영점에서 인기를 끌고 있다. 리즈치는 상품에 대한 콘텐츠 제작까지 담당하며, 그녀는 동영상 블로거에서 점차 개인 브랜드 IP로 변신하고 있다.

리즈치는 2018년 8월 17일 티몰에 정식으로 상점을 오픈했다. 징동 공식 상점에서 판매 중인 제품 수와 비교했을 때, 티몰의 제품 SKU_{Stock Keeping Unit}는 비록 20여 개 정도로 적지만, 연간 총 매출액은 7,100만 위안에 달한다. 2019년 개점 기념일 당일 2천만 위안의 매출을 올렸으며, 당일 새롭게 출시되었던 제품인 뤄쓰펀(우렁이국수)은 폭발적인 인기로 27만여 개가 판매되었다.

2019년 빼빼로데이에는 8,000만 위안을 돌파하며 최대 매출을 기록했다. 이 중 '목서나무 꽃 견과 뿌리 가루'는 티몰 가루 식품류에서 사상 처음으로 1,000만 위안의 매출을 돌파해 소위 대박을 터뜨린 것으로 알려졌다. 2019년 연말에는 리자치, 웨이야 등의 영향력을 입증한 왕홍들의 라이브커머스 열풍과 국영 매체에서 극찬을 받은 리즈치 이슈로 인해 왕홍 경제라는 개념이 자본 시장의 화두로 떠올랐다. 이에 따라 중국 내 상장 기업들은 MCN과 왕홍 경제 관련 업무를 앞다투어 늘리고 있는 상황이다.

중국에서 누구나 아는 대표적인 왕홍 4명에 대해서 살펴보았

그림 2-4 우수 콘텐츠로 커머스 왕홍의 길을 실현한 리즈치

마케터라면 알아야 하는 왕홍이야기　**71**

다. 이런 왕홍들의 영향력이 얼마나 크기에 중국뿐만 아니라 한국을 포함한 글로벌 국가들이 왕홍, 왕홍 하는 것일까? 왕홍 경제의 규모와 수익 구조는 다음 장에서 확인해 보자.

03 중국 왕홍 경제의 규모와 왕홍 산업 생태계

'왕홍' 뒤에 항상 그림자처럼 따라오는 '왕홍 경제'를 한 번쯤은 들어본 적이 있을 것이다. 왕홍 경제라는 용어는 왕홍들의 영향력이 커지면서 생겼지만, 그 무엇보다 강력한 현금화 능력으로 중국에서 대형 왕홍들을 탄생시킨 알리바바의 타오바오 플랫폼이 없었다면 쉽지 않았을 것이다.

다시 말해 왕홍 경제란, 온라인 시대에 왕홍이 등장하면서부터 생긴 경제적 현상에서 비롯된 비즈니스 모델이다. 커머스 왕홍은 소셜 네트워크 플랫폼에서 트래픽을 유입시키고 막대한 팔로워를 대상으로 상품을 판매하며 수익을 창출한다. 왕홍이 소개하는 제품에 대한 팬들의 신뢰도가 상당히 높아 판매까지 쉽게 연계되고, 왕홍이 중국 산업 전반적으로 판매할 수 있는 영역들이 많아지면서 산업별로 미치는 영향력이 날로 커져 왕홍 경제라는 용어가 탄생하기에 이르렀다.

2020년, 중국 매체 인민왕은 왕홍 경제 현상에 대해 다음과 같이 이야기했다. "온라인 시대가 낳은 산물로 인해 왕홍 경제가 더욱 발전된 호황기를 누리고 있다. 그들의 수익은 상상을 초월할 정도

72   제2장

로 어마어마하다. 중국은 전 세계 최고의 왕홍 경제국이며 왕홍 경제의 원동력이다." 또한 독일 자유대학교 왕홍 경제학자 트로이카 브로이어Troika Breuer은 "왕홍 경제가 무섭게 발전한 배경에는 중국의 경제 발전이 도래한 강력한 원기와 중국 시장의 큰 잠재력이 반영되어 있다."라고 밝혔다. 중국 왕홍 경제 시장을 알아야 라이브커머스 시장이 한눈에 보인다.

앞서 말했듯이, 왕홍 경제가 더 확대될 수 있었던 건 바로 중국의 전자상거래 시장이 급속도로 커지면서부터였다. 1997년 미국이 '범세계적인 전자상거래 기본 구상'을 발표하면서 전자상거래가 국제적 이슈로 부각되었다면, 우리나라는 1992년 한국무역정보통신 (KTNET)이 설립된 이후 전자상거래 개념이 도입되었다. 중국은 1994년, 국제 네트워크 시대로 접어들면서 인터넷이 빠른 속도로 발전했고 많은 전자상거래 회사가 출범했다. 1992년에 중국 내 처음으로 B2B 전자상거래 서비스 제공 업체인 후이충왕慧聰網이 설립되었고, 2003년 이베이가 중국 시장에 진출했지만 2007년에 타오바오라는 현지 사이트와의 대결에서 참패하며 문을 닫았다. 1999년 알리바바 닷컴으로 창립된 타오바오는 중국의 전자상거래 시장을 빠르게 변화시켰는데, 이는 2004년 내놓은 전자 결제 플랫폼인 즈푸바오(알리페이)支付宝 때문이다. 중국의 전자상거래에 탑재된 결제 플랫폼인 즈푸바오는 중국 내 '결제 혁명'을 일으켰고, 그 뒤에 웨이신즈푸(위챗페이)微信支付 등의 등장으로 정보만 활용하는 것이 아니라 자유롭게 결제까지 가능하게 되어 중국은 세계 최대 모바일 결제 시장을 갖게 되었다. 2017년 중국 모바일 결제 시장 규모는 202.9조 위안(약 33.478조 원), 2018년 모바일 결제 이용자는 6.5억 명으로 전체 휴대폰 사용자의 80% 이상이 이용하는 것으로 추정된다. 14억 인구가 사는 중국, 처음엔 1, 2선 도시에만 집중되었다면 점점 3, 4선 도시에도 스마트폰 보급이 보편화되었다.

미국 시장조사기관 이마케터 통계에 따르면, 2021년 중국 성인의 하루 평균 스마트폰 사용 시간은 196분(3시간 16분)으로, 이전 통계 자료에서 1위를 차지했던 미국을 앞선 것으로 나타났다. 해당 사용 시간은 통화 시간이 제외된 것으로, 전년도보다 14.6%, 25분이 증가한 수치다.

중국은 세계 최대 스마트폰 시장이다. 시장조사기관 스트래티지애널리틱스에 따르면 지난 1분기 중국 스마트폰 시장은 8,620만 대로 기록되었는데, 스마트폰 4대 중 1대가 중국에서 팔린 것이다.

온라인 시장이 점점 커지면서 중국은 사회 안정을 이유로 인터넷 정보 서비스 산업에 대한 관리를 대대적으로 확대하며 만리방화벽GFW[6] 시스템을 도입했다. 외부로부터 들어오는 트래픽을 차단하는 목적으로 인터넷 감시·검열을 하는 것이다. 이에 중국인은 우리가 흔히 알고 있는 인스타그램, 페이스북, 유튜브와 같은 미디어 플랫폼을 이용할 수 없게 되었고, 중국 정부는 글로벌 플랫폼에

---

6 만리방화벽(GFW): 만리장성(Great Wall)과 컴퓨터 방화벽(Firewall)의 합성어로, 중국이 1998년 '황금방패 프로젝트(Golden Shield Project)' 일환으로 추진해 2003년 완성했다.

맞서 중국인에게 가장 적합한 미디어 플랫폼을 자체적으로 만들어 내기 시작했다. 만리방화벽이라는 시스템 때문에 트위터를 사용할 수 없어 2007년부터 자체적으로 제작한 블로거들이 등장하기 시작했다. 2009년에 4대 포털 사이트인 시나닷컴, QQ닷컴, 소후닷컴, 163닷컴이 등장했는데, 시나닷컴의 '웨이보'가 가장 대표적이라고 할 수 있다. 2011년 1월 21일 텐센트라는 회사에서 공개한 위챗은 무료 문자 메시지, 사진 공유 및 결제시스템까지 탑재되어 있어 11억 명이 사용하는 중국 최대의 SNS 플랫폼으로 부상했다.

그러다 2014년 중국 경제의 성장세가 둔화되면서 중국 청년 실업이 급격하게 증가했는데, 취업난을 극복하기 위한 하나의 수단으로 '웨이상微商'이 떠올랐다. 웨이상은 웨이보 상인의 개념으로 SNS인 웨이보를 통한 개인간 거래를 의미한다. 웨이상의 급성장으로 다양한 유형의 플랫폼이 생겨났고 SNS와 모바일 앱을 활용한 마케팅이 등장했다. 많은 웨이상이 웨이보에 이어 위챗 모멘트를 활용하여 제품을 홍보했고, 웨이상으로 시작한 개인간 거래가 2015년 왕홍으로 발전했다. 왕홍들의 다양한 수익 모델에 이어, 2015년도부터 콘텐츠 왕홍의 길에 들어선 '파피장Papi酱'이 새로운 왕홍 비즈니스 모델을 보여줬다. 파피장은 평범한 이야기를 재미있게 그리고 꾸준히 업로드한, 창의력 있는 콘텐츠 왕홍이다. 2016년 4월, 파피장은 알리바바 플랫폼에서 '왕홍 경제'라는 단어로 첫 광고 경매를 게시했다. 자신의 콘텐츠 속에 들어갈 광고 상품을 경매에 부쳐 2,200만 위안(약 37억 원)에 낙찰시키며 알리바바 경매 플랫폼의 기록을 세웠다.

파피장의 이 사례는 타오바오 왕홍부터 공중파 방송인, 산업 네트워크 관련 회사들에까지 막강한 전파력을 행사했다. 이에 왕홍 최초로 개인의 가치를 인정받으며 2016년도 3월 1,200만 위안(약 20억 원)의 투자를 받았다. 2016년도의 왕홍 경제 규모는 528억 위안(약 9조 원), 2018년도는 전자상거래, 광고, 유료 아이템 및 서비스 등을 포함해 1,016억 위안(약 19조 원)에 이를 정도로 빠르게 성장했으며, 중국 경제에 많은 영향을 미쳤다.

[표 2-7]을 보면 알 수 있듯이, 중국은 하루 평균 앱 사용 시간이 5시간으로 2019년 평균 대비 30% 급증했고, 뒤를 이어 유럽에서 가장 많은 확진자가 발생한 이탈리아는 11%가 증가했다. 한국과 일본도 각각 7%씩 늘었다. 이것만 보아도 코로나 팬데믹 기간에 중국 전자상거래 라이브커머스 관련 매출이 상승할 수밖에 없는 이유를 알 수 있다. 모바일 이용 시간이 늘어난 이유도 있지만, 중국인이 스마트폰으로 가장 많이 사용하는 앱이 모바일 메신저 '위챗'과 '큐큐'를 비롯해 핀테크 결제 시스템인 '알리페이', 숏폼 동영상 플랫폼인 '틱톡', 온라인 쇼핑몰 '타오바오' 등 일상에서 활용하는 편의 위주 콘텐츠이기 때문이다. 중국은 2020년 쇼핑데이, 6월 18일 징동의 날 총 거래액이 한화 77조 6,900억 원이고, 2021년 상반기만 보더라도 6월 18일 징동의 날 매출이 전년대비 40% 이상 성장을 거두었다. 라이브 플랫폼을 통한 매출 확대는 매년 증가하고 있으며, 2018년 기준 타오바오 라이브 플랫폼에서 연간 수입이 1억 위안(약 173억 원) 이상인 왕홍은 81명에 이른다. 왕홍이 많아지면

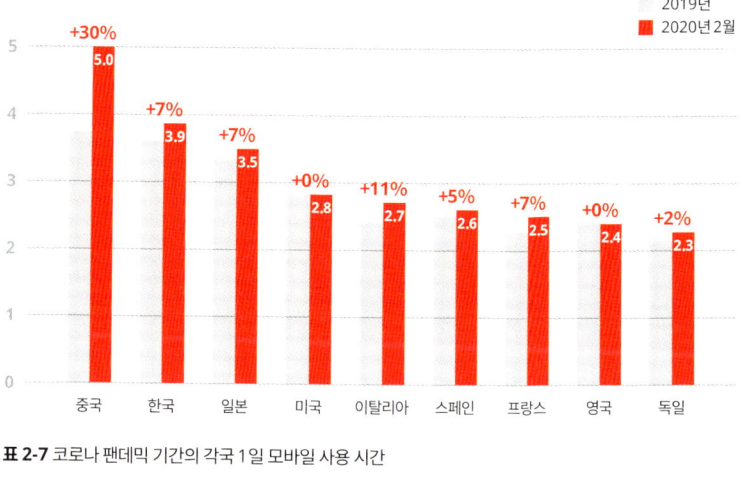

표 2-7 코로나 팬데믹 기간의 각국 1일 모바일 사용 시간

서 왕홍의 활동 영역은 기존의 미용과 패션 분야 외에도 건강과 미식 등 분야가 넓어지고 있다. 또한 활동 분야에 대한 전문성이 제고되고 있으며, 금융과 광업, 농업 등 새로운 업종에까지 확대되고 있다. 중국 전자상거래 산업은 계속 발전하여, 중국의 BATJ(바이두, 알리바바, 텐센트, 징동) 기업들이 온라인 모바일 시장을 독점하게 되었다.

중국뿐만 아니라 많은 글로벌 기업이 온라인 모바일 시장을 겨냥하다 보니, 트래픽 비용이 비싸고 트래픽 풀이 제한적이어서 이제는 유입량 시대에 따른 마케팅 전략이 두 가지로 나눠진다. 하나는 전통 미디어나 광고 회사를 위주로 브랜드 마케팅을 하는 방법이고, 다른 하나는 전통적인 미디어부터 모바일까지 효과를 우선으로 왕홍을 통해 온라인 시장에 진입하는 것이다. 신규 브랜드

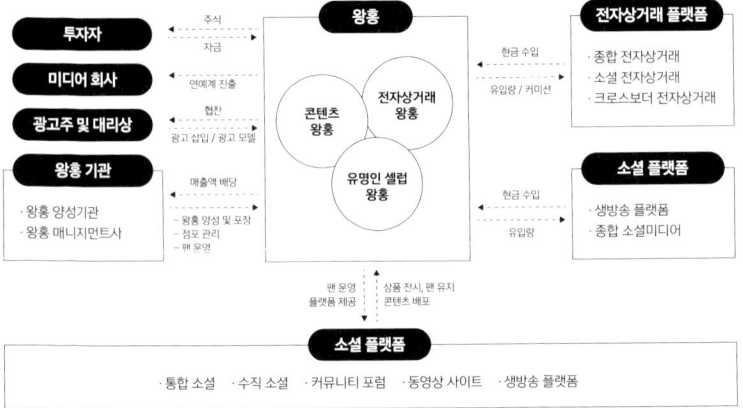

그림 2-5 왕홍 생태계

는 첫 번째 전략보다 효과 우선적인 두 번째 마케팅을 택하는 경우가 많은데, 이는 트렌드에 맞는 브랜드를 빨리 만들어 매출을 극대화하려는 브랜드사들이 증가했기 때문이다.

왕홍 경제가 커지면서 많은 왕홍과 왕홍 MCN 회사가 전자상거래 라이브 방송을 비즈니스 주모델로 하거나, 콘텐츠+전자상거래 기업으로 변모하기 시작했다. 왕홍 엔터테인먼트 MCN 회사들은 타오바오, 징동 등 쇼핑 플랫폼의 운영을 강화하고 왕홍들의 전자상거래 플랫폼 진출을 유도하고 있다. 우리나라 역시 많은 MCN 회사가 전자상거래 플랫폼과 인플루언서들의 영향력을 확대하고 잘 연결하여 더 큰 수익 구조를 창출하고자 많은 노력을 기울여야 한다. 왕홍들의 수익 구조는 단순히 라이브커머스를 통한 판매 수익만 쉐어하는 것이 아니다. 그림을 보면 왕홍 경제 산업의 생태계를 알 수 있다. 왕홍과 왕홍 매니지먼트, 광고주 및 플랫폼, 그리

78　제 2장

고 투자자와의 관계로 인해 다양한 비즈니스 모델과 수익들이 발생하는 것을 확인할 수 있다.

그럼 왕홍경제의 중심에 있는 상위 왕홍의 판매 전략은 어떠한지 살펴보자.

04 상위권 왕홍만의 판매 전략

누구든 혼자 3조 매출을 내는 사람이 있다고 하면, 그 사람의 판매 전략이 무엇인지 궁금할 것이다. 중국에서 라이브커머스로 Top 3에 들어가는 왕홍이 누구냐고 묻는다면, 대부분 웨이야, 리자치, 신바를 이야기한다. 상위권 왕홍은 모두 공통적인 특징이 있는데, 바로 그들이 가장 중시하는 것은 팬들과의 진실된 소통과 신뢰라는 것이다. 그들은 고객들과 소통하기 위해 끊임없이 제품에 대한 공부를 한다. 화장품을 판매하는 경우, 화장품의 전 성분이 중국 시장에 안전한지 체크하고 효능을 정확하게 전달하고자 한다.

중국의 대표적인 커머스 왕홍들은 초창기에 아무도 그들의 방송을 보지 않아도, 아무도 구매하지 않아도 하루에 8시간씩 라이브 방송을 진행했다. 8시간 동안 제품에 대해서 계속 설명한다는 것이 쉬운 일은 아니다. 커머스 왕홍이 된다는 것은 이렇듯 끈기와 열정이 없으면 불가능하다. 열정을 가지고 라이브 방송을 진행하는 동안 본인을 내려놓고 진실성 있게 팬들에게 다가가면 팬들도 진심으로 이해하게 된다.

Top 왕홍들은 본인의 외모나 모습이 아닌 오직 제품에 집중하여, 팬들과 공감대를 형성하고 그들에게 신뢰를 주기 위해 사실에 입각한 정보들을 제공하고자 노력한다. 이들은 신뢰가 한번 깨지면 더는 팬들이 라이브커머스를 통해 물건을 구매하지 않을 것임을 너무나도 잘 알기 때문이다. 이렇게 본인 자체보다 팔고자 하는 제품에 집중하고 고객과의 소통을 이어 나가며 인기를 유지하는 것이다. 1인 매출 조 단위를 달성하고 있는 상위권 왕홍들의 판매 전략은 무엇일까?

타오바오 하루 5억 매출 커머스 여왕 웨이야

지금 이 시대는 어딜 가든 '짧은 동영상'과 '라이브커머스'에 대한 이야기가 들린다. 하지만 라이브 방송이나 동영상을 올리는 것만으로 유명해지기는 쉽지 않다. 618 징동의 날에 라이브 방송을 통해서 5억 위안이 넘은 매출액을 기록한 타오바오 커머스 여왕 웨이야는 특별한 무언가를 가지고 있다. 웨이야는 2019년 광군절 더블11데이에 하루 매출 30억 위안, 2020년에는 혼자 연매출 3조를 달성했다.

웨이야는 가만히 있지 못하는 사람이다. 지난 3년간 웨이야와 웨이야 팀은 정밀 기계처럼 고속으로 작동하며 성장했다. 리자치와 달리 그는 선동에 능하지 않아 보였고, 섬세한 감정이나 표정을 대중 앞에 많이 드러내지 않았다. 웨이야의 성격은 단순하고 직설적이다. 3년을 하루같이 로봇처럼 일한 웨이야는 이 시대가 준 기회를 잡았다. 자신의 직업에 대한 어떠한 불안 없이 라이브커머스를 즐겼고, 2016년 라이브커머스 달인형 왕홍이 된 이후로도 낮과 밤을 가리지 않으며 하루 8시간 이상 라이브 방송을 했다. 그 결과 중국을 대표하는 왕홍이 되었다.

웨이야의 판매 노하우 3가지를 알아본다.

웨이야의 판매 노하우 3가지

① 고객의 소규모 수요를 즉시 구입해야 하는 대규모 수요로 확대
② 중요하지 않은 불필요품을 필요품으로 전환
③ 미래의 지연된 소비를 즉각적인 주문이 필요한 즉시 소비로 전환

판매 노하우를 살펴볼 수 있는 대표적인 예를 살펴보도록 하자. 웨이야가 미국의 치실 브랜드로 라이브커머스를 진행한 사례다. 다음은 라이브커머스에서 웨이야가 한 말이다. "많은 사람은 이쑤시개를 몇 년 동안 사용한다. 이쑤시개를 자주 쓰면 치아가 느슨해지고 다른 문제들로 이어질 수 있다는 것을 알고 있지만, 이러한 문제는 바로 나타나지 않는다. 이쑤시개는 10년 이상 사용되어 왔고 익숙하기 때문에 이쑤시개 사용자에게 치실을 사용하도록 설득하는 것은 극히 어려운 일이라는 것을 잘 안다. 이쑤시개를 사용해도 괜찮지만, 아이는 어른처럼 나쁜 습관을 길러 다칠 가능성이 더 높다는 것만 여러분이 알아 주면 좋겠다." 이렇게 웨이야는 작은 문제를 아이의 큰 문제로 확대해서 매출 향상을 가져왔고, 상기 언급한 ①, ②, ③의 노하우를 통해 소비자들이 꼭 사야 하는 명분을 만들었다.

또 다른 한 가지 예로는 히터 브랜드 라이브커머스다.

웨이야가 한 히터 브랜드를 판매했는데, 그녀는 히터는 빨리 살수록 좋고 나중에는 더 비싸질 것이라는 멘트로 소비자의 마음을 잡았다. 추운 가을에는 낮은 가격으로 구매할 수 없으니 미리 구매해야 한다고 고객들에게 본인의 소비 경험을 이야기하며 많은 판매를 유도했다. 이렇듯 본인의 고유한 경험을 통해 소비자들의 공감을 누구보다 잘 이끌어내는 것이 웨이야의 장점이다.

웨이야 왕홍이 판매 노하우를 예시와 함께 살펴보면 우리는 3가지의 결론을 도출할 수 있다.

첫 번째, 왕홍이 되려면 연기력이 좋은 영업 천재가 되어야 한다. 두 번째, 왕홍은 고유의 소비 경험을 이용해 소비 결정을 변화시킬 수 있어야 한다. 세 번째, 왕홍은 정확하고 명확한 목표를 가지고 브랜드별 맞춤 홍보 전략을 짤 줄 알아야 한다. 상품마다, 가격마다, 기능마다 소비자 집단이 다르고 소비자 집단의 소비 심리도 다르다. 웨이야는 들어온 소비자들의 댓글을 보고 바로 바로 소통하며, 맞춤형 마케팅으로 전략을 짜서 대응한다. 이렇듯 라이브커머스를 통해 매출 확대를 이루고 싶다면 웨이야의 판매 노하우를 각자의 브랜드에도 접목시켜 보는 것은 어떨까?

또한 웨이야가 라이브커머스를 진행할 때 꼭 지키는 3가지 홍보 전략이 있다. 하나는 신발, 옷, 가방과 같은 패션 제품들은 스타일(가격 비교를 절대 하지 않음)과 상품의 가치를 판매하며, 귀중한 스타일을 강조해 '한정'으로 프로모션을 하는 경우가 많다. 다음으로 저렴한 가격과 서비스를 제공하고, 프로모션에 연간 패키지 서비스를 이용한다. 마지막으로 FMCGFast Moving Consumer Goods는 대량 (단품 판매는 절대 안 함), 즉 박리다매 전략으로 판매한다.

립스틱으로 여심을 사로잡는 '립스틱 오빠' 리자치

2020년 라이브커머스 왕홍 매출 2위인 '립스틱 오빠' 리자치의 판매 전략은 어떨까?

　2019년 티몰 더블11데이 첫날에 리자치는 생방송에서 다양한 브랜드 아이템의 사전 판매를 유도하여 1억 위안 매출을 올렸다. 그중에서도 6분 만에 핫딜 상품이 1억 위안 넘게 팔렸다. 어떤 사람들은 리자치의 생방송을 뷰티 메이크업 캠프라고 표현하기도 한다. 모든 여성이 리자치의 방송에 집중하고, 말 한마디 한마디를 기다린다. 심지어 어떤 소비자들은 원래 구매할 마음이 없었는데 리자치의 선동적인 말에 주문하지 않을 수 없다며 '아무것도 두려운 것이 없는데, 리자치가 OMG라고 말하는 것은 두렵다'라는 말까지 나왔다.

　이런 리자치의 판매 전략 중에 가장 중요한 것은 제품 선정이다. 리자치는 상품과 그 자체의 특성이 본인과 매우 잘 들어맞는 제품만 선택한다. 제품 선택의 3가지 포인트가 있다.

　첫째, 본인의 외모를 고려한다. 초창기에 립스틱을 선택한 이유도 본인의 입술 모양이 풍만하여 외모와 잘 맞는다고 생각했기 때문이다.

　둘째, 시연 효과가 확실한 제품을 좋아한다. 립스틱을 판매할 때도 직접 입술에 테스트했고, 명품 브랜드부터 저렴한 립스틱에

이르기까지 단계별로 소비자를 충족시키기 위해 립스틱 평가를 58초 가까이 계속하는데, 표현력이 좋아 지루하지 않고, 시각적으로도 피로감을 주지 않는다.

셋째, 여성 소비자 심리를 바탕으로 라이브 방송 대본을 작성한다. 여자들이 다른 어떤 화장품보다 비교적 립스틱을 많이 가지고 있다는 것을 안 리자치는, 립스틱 색깔은 여자의 기분을 대표할 수 있다고 표현했다. 표현력이 남다른 리자치의 말주변에 여성 소비자들이 충동 구매를 하는 경우가 많다.

이렇듯 당신이 라이브커머스를 통해 중국 시장에 진입할 계획을 갖고 있다면, 제품 선정에 신중을 기해야 한다. 더 나아가 내 제품과 맞는 왕홍을 선정하고, 시연 효과가 좋은 제품을 집중적으로 홍보하는 것이 좋다. 마지막으로 타깃이 여성인지 남성인지, 지역은 1, 2선 도시인지 3, 4선 도시인지, 연령대는 어떠한지까지 결정한 다음에 라이브커머스를 진행하면 더 좋겠다. 라이브커머스에서 가장 중요한 것은 '어떤 키워드를 통해 나의 타깃 소비자층을 나의 라이브커머스 채널에 유입시킬 것인가' 라는 것을 명심하자.

콰이쇼우의 다크호스 신바

커머스 왕홍 3위를 차지한 신바(신유지)는 618 판매왕이라는 프로그램에 출연해서 3분 만에 31만 개의 세제를 판매한 것으로 유명하다. 콰이쇼우라는 동영상 플랫폼에서 활동하며, 7112.4만 팔로워를 보유하고 있다. 그 외 웨이보 팔로워는 129만, 틱톡 팔로워는 352만을 보유하고 있다. 콰이쇼우라는 플랫폼의 특성상 1, 2선 도시의 사람들보다는 3, 4, 5선 유저가 더 많기에 가난한 농부 출신인 신바는 콰이쇼우라는 플랫폼에서 많은 환영을 받기에 적합했다. 신바의 판매 전략은 소비자에게 당장 꼭 필요한 제품을 추천하며 일상 생활에서 판매되기 쉬운 제품만 진행한다는 것이다. 판매 실적을 살펴보면, 2019년 총매출 약 1조 8천 억, 2020년 판매 실적은 상반기 5조 6천 억, 광군절 행사 1조 5천 억 등을 달성했다. 단, 2020년 4월 짝퉁 논란으로 생방송 중단 선언 후 제품 소싱에 집중하며 잠시 쉬다가, 2020년 618 징동의 날 행사에 다시 나타나서 또 최고 매출을 갱신했다.

중국의 Top 커머스 왕홍 대표 3명의 전략을 살펴보았는데, 웨이야 뒤에는 타오바오 라이브가 있고, 리자치 뒤에는 타오바오 라이브와 틱톡 트래픽이 있고, 신바 뒤에는 콰이쇼우가 있다. 3명의 연간 매출액은 각 사람이 조 단위다. 그러나 카테고리, 브랜드, 가격 측면에서 볼 때 3명의 판매 전략은 현저하게 다르다.

카테고리로 보면, 리자치는 화장품을 전문으로 한다. 웨이야는 옷부터 시작해서 점차 카테고리를 넓혀갔다. 심지어 농촌에 직접 방문하여 농산물 판매까지 진행했다. 신바도 다양한 제품을 커버하고 있지만 화장품이 가장 큰 비중을 차지한다.

브랜드로 보면, 리자치는 제3자 상품으로 국내 브랜드와 국제 브랜드를 모두 진행하며 한국을 대표하는 LG 생활건강, 아모레퍼시픽과 합작한 사례들이 많다. 웨이야는 제품의 30% 이상이 맞춤 제작이다. 신바는 4, 5선 도시의 팬들이 주로 소비자층이기에 냉동

건조 파우더와 마스크팩과 같은 가격 대비 좋은 상품 위주로 판매한다.

가격으로 보면, 3명이 선택하는 제품 모두 기본적으로 소비자 가격이 낮은 편이지만, 카테고리 및 브랜드 차이로 리자치와 웨이야의 상품은 수백 위안 정도인 반면, 신바는 수십 위안으로 가격이 낮다.

중국의 새로운 유통 트랜드의 중심에 왕홍이 있듯, 현재 한국도 라이브커머스를 하는 모바일 쇼호스트들이 새로운 유통 트랜드로 떠올랐다. 유튜버나 인플루언서까지도 라이브커머스 시장에 뛰어들어 본인의 트래픽을 라이브 플랫폼에 유입시키고, 방송에 노출한 제품을 콘텐츠를 통해 재가공하여 소비자들에게 보여주고 있다. 앞서 언급한 왕홍들의 판매 전략을 보면 알 수 있듯이, 한국에서 라이브커머스 시장에 뛰어들고자 한다면 한국 소비자들을 위한 판매 전략을 기획해야 한다. 중국의 사례를 보면, 이제 소비자들은 뭔가를 살 때 왕홍을 통해 그 색을 직접 보기를 원하고, 즉시 소통을 통해 제품을 구매하고자 한다. 한국도 라이브커머스에 핵심으로 있는 누군가가 새로운 유통 트랜드의 중심이 되어 제품 매출을 극대화시키는 방향으로 나아갈 것을 기대해 본다.

제 3장
브랜드라면 알아야 하는 왕홍 이야기

우리가 어떤 브랜드인지 소비자에게 알려 주는 시대는 이제 끝났습니다.
소비자들 사이에서 공유되는 이야기가 곧 그 브랜드의 이미지가 되는 것이죠.

– 인튜이트INTUIT의 스콧 쿡Scott Cook

01 중국 라이브커머스 플랫폼 타오바오

코로나19는 유통 시장을 단번에 바꿔 버렸다. 매년 중국 전시회에 참여하기 위해 분주했던 기업들은 국내 시장에 더 집중하고, 중국 SNS와 디지털 미디어에 관심을 가지며 해외로 갈 수 없는 시간의 공백을 메우고 있다. 이에 왕홍 라이브 방송에 대한 관심은 더 높아질 수밖에 없는 상황이 되었고, 코로나19로 단절되었던 수출 문제를 해결하기 위해 국내 많은 기관이 해외 전시회를 현지 라이브와 접목시켜 개최하는 등 여러 가지 새로운 비즈니스 모델을 만들고 있다. 많은 브랜드사가 왕홍 라이브커머스에 관심을 갖고 있는 이때, 중국 라이브커머스 플랫폼 하면 누구나 떠올리는 어떻게 활용할 수 있는지 그 방법을 살펴보고자 한다.

많은 브랜드사에 중국 내 온라인 전자상거래 플랫폼을 이야기하면 흔히들 타오바오를 떠올린다. 타오바오 플랫폼의 왕홍 라이브 방송은 쌍방향 커뮤니케이션 형태(홈쇼핑)다. 왕홍들을 통해 단시간에 높은 매출을 기대할 수 있다. 일반적으로 방송 1회당 3~4시간가량 진행되며 방송 한 번에 40~60여 종의 제품을 판매한다. 한국의 네이버 쇼핑라이브가 기본적으로 한 개의 브랜드를 1시간, 길게는 2시간 진행하는 것에 비해, 중국은 한 번에 비교적 긴 시간을 방송하고, 제품 종류도 훨씬 많다. 타오바오는 2020년 인터넷 생방송 전자상거래 시장점유율 65%로 업계 1위를 기록했으며, 2016년 첫 서비스를 시작한 이래 3년 연속 연간 150%가 넘는 성장률을 이어오고 있다. 중국의 경제학자들은 타오바오와 비슷한 유형의 전자상거래 플랫폼의 개방성으로 자유롭게 플랫폼 내 상점을 열고 인기를 끌 수 있는 기회가 생겼기 때문에 왕홍 경제의 활성화가 필수적이라고 이야기한다. 즉 왕홍 경제의 활성화 중심엔 왕홍 라이브커머스 방송이 있다는 것이다.

2015년 8월 말, 타오바오가 '왕홍 경제'에 대한 개념을 최초로 널리 알렸다. 타오바오를 활용해 돈을 벌 수 있는 새로운 아이디어, 왕홍을 육성하여 팬덤과 유입량을 늘리고 제품 홍보에서 판매까지 연결되는 방식을 공식적으로 밝힌 것이다. 타오바오 측에 의하면, 초반 왕홍 상점의 여성 이용자는 71%에 육박하며 이 중 18~29세의 여성 유저들이 중국의 1선 도시인 상하이, 베이징, 항저우에 몰려 있다고 밝혔다. 타오바오 플랫폼은 왕홍들이 활동하기에 낮은 진입장벽을 갖고 있다는 것이 가장 큰 장점이다. 개인이 직접 상점을 열어 라이브커머스를 통해 물건을 판매할 수 있었기에 많은 왕홍이 타오바오를 통해 수익을 창출했다. 이에 한국 브랜드사들도 타오바오에 상점을 개설해 물건 판매를 시도하고 있다. 하지만 아직 어떻게 타오바오에 상점을 개설해야 하는지 모르는 사람이 많다. 타오바오에 상점을 개설하는 것부터 주의해야 하는 점까지 자세히 소개하고자 한다.

타오바오 상점 만들기

Step.1 중국 핸드폰 번호 개통 및 통장 개설

타오바오 상점을 개설하고자 할 때 가장 기본적으로 필요한 2가지가 있다. 바로 중국 휴대폰 번호와 중국 은행 통장이다. 중국 휴대폰 번호는 3개월 이상 사용료를 지불하지 않으면 번호 자체가 사라지기 때문에 매달 자동 충전을 해야 한다는 점을 유의해야 한다. 타오바오 상점은 개설 시 앞서 말한 것과 같이 알리페이와 연동이 필요하므로 중국의 간편결제 서비스인 알리페이와 위챗페이를 기본적으로 연동하는 것을 추천한다. 알리페이를 연동하기 위해서는 중국 본토 은행 통장을 개설할 때 체크카드도 함께 발급받아야 한다. 또한 여권의 만료일도 체크해야 하는데, 여권 기간이 만료되어 재발급받게 될 경우 다시 은행에 가서 절차를 밟아야 한다.

최근 외국인의 중국 현지 은행 계좌 개설이 까다로워졌다. 여행 비자만으로는 통장 개설 및 체크카드 발급이 어려울 수 있으므로 상업무역비자(M비자)를 발급받는 것이 좋다. 중국 현지 은행에서 통장과 체크카드를 발급받기 전에 중국 핸드폰 번호를 먼저 개통해야 한다. 은행 계좌 개설 때 중국 핸드폰 번호로 인증번호를 받아야 하기 때문이다. 또한 영문 이름을 표기할 때 여권 이름과 동일해야 하며, 이름과 성 사이의 띄어쓰기를 특히 주의해야 한다. 알리페이는 띄어쓰기가 잘못되어도 연동이 되지 않는다.

Step2. Login ID 만들기
① 타오바오 홈페이지 접속(taobao.com)
② 핸드폰 번호로 타오바오 아이디를 인증받은 뒤 로그인 아이디 생성
③ 로그인 이름 설정-계정 정보 입력-지불 방식 설정(알리페이)-신청 완료

④ 나의 쇼핑몰 무료 신청: 로그인 – 판매자센터 – 쇼핑몰 만들기

타오바오 홈페이지에 들어가서 핸드폰 번호로 인증을 받고 가입 신청을 한 다음 실명 인증을 해야 한다. 알리페이 실명 인증은 개인 정보를 입력한 뒤 즉시인증立即认证을 클릭하여 알리페이 인증 페이지 자동 연결 후 즉시인증을 진행해야 한다. 개인 신분 인증을 위해 국적을 한국으로, 신분증 종류는 여권으로 선택하고 이름도 여권과 일치하게 작성한다. 생년월일 역시 여권과 일치해야 하고, 여권 유효기간도 정확하게 작성한다. 인증 완료 후 모든 정보는 변경이 불가하다. 은행 카드 정보를 작성할 때도 앞서 말했던 대로 중국 현지 은행에서 발행한 카드만 가능하다. 이 모든 인증이 완료되면, 쇼핑몰을 무료로 신청할 수 있다.

다음으로 쇼핑몰 오픈 인증 단계를 진행한다. 신분 확인은 본인 여권을 들고 사진 촬영을 해야 하는데 양팔이 모두 보여야 하며, 여권의 앞뒷면의 모든 정보가 정확하게 보여야 한다. 이렇게 모든 자료를 업로드하면 타오바오 쇼핑몰 심사가 진행된다. 알리페이 실명 인증과 쇼핑몰 오픈 인증 둘 다 승인받아야 하며, 승인 완료 후 점포개설创建店铺을 클릭해야 타오바오 쇼핑몰이 생성된다. 심사 기간은 3~4일 소요되고, 특별한 경우 추가 증빙 자료를 요구하거나 심사 기간이 연장될 수 있다.

Step3. 상품 업로드하기

① 바이두 내 卖家中心 '千牛'(타오바오 판매 스토어) 검색

② 타오바오 상점 이름 및 소개글 기재

③ 고객센터 중국 전화번호 등록 후 인증번호 확인

④ 사진 업로드 및 카테고리, 브랜드 설정

⑤ 기본 정보 기재

⑥ 상품 발송 국가 설정

⑦ 판매 가격 및 모바일용 상품 소개 이미지 업로드

⑧ 출고지 및 배송비 설정 후 업로드 완료

상점을 오픈하고 나면 상품을 업로드해야 한다. 먼저 바이두에 '千牛'(타오바오 판매 스토어)를 검색한다. 그다음 타오바오 상점 이름을 변경하고 소개글을 기재한다. 상품 업로드를 위해서 또 한 번의 중국 번호 인증 절차가 필요하다. 상품을 업로드할 때 PC 버전 상품 소개 이미지와 모바일용 상품 소개 이미지는 별개로 업로드 가능하다. 상품 업로드에서 가장 중요한 점은 배송 부분인데, 상품 발송 국가가 한국이라면 해외 직구이므로 무료 배송인지, 택배사는 어디인지 정확하게 기재해야 한다.

타오바오 상점 운영하기

타오바오 상점은 개설했지만, 타오바오 관리 페이지에 대한 이해도가 낮아 활용을 못 하는 브랜드사가 많다. 타오바오 관리자 페이지에서 다양한 정보를 확인할 수 있는데, 타오바오 상점을 운영할 때 2가지를 알아두면 유용하다. 첫 번째는 店铺管理(상점관리)에서 子账号管理(서브아이디관리) 부분이다. 이는 브랜드사가 타오바오 쇼핑몰 운영 대행을 다른 에이전시에 맡길 경우, 타오바오 쇼핑몰 ID와 비밀번호를 전달하지 않아도 서브아이디를 생성해 권한을 부여할 수 있다. 두 번째는 营销中心(영업센터)에서 확인할 수 있는 我要广告(광고하기) 기능과 店铺营销工具(상점영업도구)이다. 광고하기 기능은 타오바오에서 해당 키워드 검색 시 상품이 상위 노출되며 클릭 시 과금이 되는 CPC 광고 상품인 즈통처直通车를 활용하는 것으로, 상점 내 매출을 극대화시키는 데 큰 도움이 된다. 단, 타오바오 쇼핑몰 개설 24시간 이후에 신청이 가능하다. 판매자 등급 하트 2개 이상, 좋은 평가가 11개 이상이 있어야 하고, 상점 개설후 30일 이내 거래 금액이 0원이면 광고 신청이 불가능하다. 店铺营销工具(상점영업도구)는 디자인 템플릿을 구매할 수 있고 쿠폰을 구매해서 상점에 설정할 수 있는 기능이다. 상점 디자인이나 쿠폰 발행 등 상점 운영을 위한 인력 보충을 고민하는 브랜드사의 고충을 해결해 줄 수 있다.

타오바오 상점 운영에 주의할 점이 있다면 상점 관리 벌점 규정을 지키는 것이다. 벌점이 12점 이상이면 7일, 24점 이상이면 1개월, 48점 이상이면 영구 폐쇄가 되기 때문에 벌점 규정에 대한 이해가 필수적이다. 상품 카테고리를 잘못 선택하여 올렸을 경우 0.2점의 벌점과 함께 상품이 삭제될 수 있는데, 이건 타오바오 위반 처분 중 제일 약한 벌점이다. 감점이 없고 운영하는 데에 아무런 영향이 없는 일종의 경고라고 보면 된다. 보통 이미지 또는 상표 도용이나 허위거래 발각 등의 문제가 생기면 건당 4~6점의 벌점을 받는다. 벌점으로 인해 권한 감가를 받으면 지정된 규정에 의해 상품 등록 권한, 즈퉁처 광고 권한 등을 박탈하므로 주의해야 하며, 특히 상점이 영구 폐쇄되지 않도록 해야 한다. 그나마 다행인 것은 매년 말일 상점 관리 벌점이 0점으로 초기화된다는 것이다. 타오바오는 사후 관리가 가장 중요한데 알리왕왕이라는 메신저를 통해 판매자와 대화하기 때문에, 대화 기록을 잘 남겨야 한다. 분쟁 시 증거가 되어 불리하게 작용하기도 하므로 조심해야 한다.

제품 판매를 위한 전략 짜기

단순히 타오바오 쇼핑몰을 오픈했다고 해서 매출을 확보할 수 있는 것은 아니다. 중국에서 가장 빨리 매출을 올리는 방법은 라이브커머스를 진행하는 것인데, 일반적으로 한국 기업이 타오바오 쇼핑몰을 만들었더라도 바로 라이브 방송이 가능하진 않다. 타오바오 쇼핑몰에서 매출을 향상시키기 위한 사전 준비 사항을 살펴보자.

첫째, 내 제품의 경쟁 제품을 찾아보자. 내 제품과 비슷한 제품이 중국 현지에 유통되고 있는 것은 아닌지 확인해야 한다. 타오바오 웹페이지의 비어 있는 공간을 우클릭 한 뒤, [한국어로 번역]을 누르면, 중국어 텍스트가 한국어로 자동 번역되므로 쉽게 제품을 분석할 수 있다.

둘째, 내 제품의 상세페이지나 소개서, 관련 영상 등을 중문으로 제작하자. 중국에 진출하고자 하는 기업이 중문으로 제작된 상세페이지나 소개서가 없다는 것은 말도 안 된다. 자료를 준비하면

브랜드라면 알아야 하는 왕홍이야기 **95**

준비할수록 중국 소비자들에게 다가가기 더 쉽다.

셋째, 제품의 타오바오 가격 정책을 설정하자. 한국이 아닌 중국 타오바오 쇼핑몰에서 팔고자 하는 소비자가, 공급가 등의 가격 정책을 미리 설정해야 한다. 또한 타오바오는 무료 입점 형식이기 때문에 혹시 누군가에 의해 본인의 제품이 터무니없는 저가로 판매되고 있지는 않은지 확인해야 한다.

넷째, 중국에 상표 등록을 하자. 한국에 상표 등록이 되어 있다고 해서 중국에서까지 보호받는 것은 아니다. 중국 시장에 진출하고자 마음먹었다면 지적재산권을 스스로 지켜야 한다.

다섯째, 중국 SNS체험 마케팅을 통해 제품을 노출하자. 예전 중국과 현재의 중국은 다르다. 많은 중국 소비자가 한국 제품을 구매하기 전에 VPN으로 우회하여 인스타그램이나 네이버에서 검색을 해본다. 중국판 인스타그램인 샤오홍슈 등 해외 직구 전용 플랫폼에 입점되어 있는 제품인지, 홍보가 얼마나 되어 있는지까지도 확인한다. 이를 통해 신뢰를 얻으면 구매로 이어진다.

여섯째, 재고를 충분히 확보하자. 중국에서 판매를 시작한 회사들이 타오바오 왕홍과 합작해서 라이브 방송을 진행했으나, 재고가 없어서 신뢰를 잃거나 판매 매출을 극대화하지 못한 경우를 여러 번 봤다. 한국 시장과 중국 시장은 다르다. 미리 재고를 확보하고, 특히 방송일 기준으로 유통기한이 1년 이상 남아 있어야 한다.

타오바오 쇼핑몰 진출을 위한 충분한 준비가 되었다면 이제 본격적으로 매출 확보를 위해서 라이브커머스를 시도해야 한다. 타오바오 생방송 개설에 필요한 조건은 다음과 같다.

타오바오 생방송 개설을 위한 조건
① 점포 평가 평균 등급 4.6점 이상
② 점포의 신용등급 다이아 하나 이상
③ 3만 이상의 점포 팔로워 확보
④ 상품 수 5개 이상
⑤ 일정량의 판매 매출 확보

아직 타오바오 방송 개설에 필요한 조건이 충족되지 않아 라이브 방송 권한이 부여되지 않았다면, 가장 빠른 방법은 타오바오 내에 활동하는 왕홍을 통해 라이브 방송을 진행하는 것이다. 타오바오 플랫폼의 핵심은 '라이브커머스'다.

중국의 라이브커머스 시장을 선도한 알리바바 그룹의 타오바오 플랫폼은 2016년도부터 꾸준히 11월 11일 광군절을 맞이하여 중국판 블랙프라이데이를 진행해 오고 있다. 광군절의 유래에 대해서 많은 이야기가 있는데, 난징대학교에서 시작된 이벤트가 인터넷을 통해 중국 전역으로 전파되고 인기를 끌면서 일종의 '광군절 온라인 쇼핑 문화'가 정착되었다고 한다. 광군이 독신이라는 뜻도 있고, 1이 4개인 날이라 중국에선 솔로데이라며 고백하기 위해서 선물을 사는 사람들, 혹은 애인이 없어서 쇼핑으로 허전한 마음을 달래는 사람들 등 많은 사람이 쇼핑을 한다. 일부러 11월 11일을 결혼 날짜로 정하는 사람들까지 생겼다. 중국인은 11월 11일을 기다리고 페스티벌을 즐긴다.

2020년 광군절의 경우 전년도와 달리 10월 21일부터 1차 예약 판매를 시작해 11월 1일부터 3일까지 최종 결제와 배송이 이루어 졌고, 2차 예약 판매는 11월 4일부터 11일까지 진행되었다. 이렇게 1차, 2차 두 차례로 나눠 진행하면서 소비자들은 10월부터 상품을 예약할 수 있기 때문에 예년보다 10일 이상 빠르게 받아 볼 수 있었고, 기업들도 2회로 나눠 예약 판매를 진행하니 재고와 배송 관리 부담이 줄어들었다. 예약 판매 형식을 도입하면서 기업들은 최종 결제 완료 전에 배송을 시작하여 상품을 주문한 소비자 주소와 가장 가까운 물류센터에 사전 보관하고, 최종 결제 후 바로 발송하여 30분 내로 수령할 수 있도록 했다. 그뿐만 아니라 광군절 제품 전용 고속 열차를 사용해 장거리 배송도 이틀 만에 도착할 수 있도록 했다. 배송 효율성을 높여 물류 부담을 크게 개선시킨 것이다. 2020년 11월 11일 광군절 세일 페스티벌은 10월 21일 00시부터 11월 11일 23시 59분까지 진행했는데, 타오바오의 경우 1시간 만에 로레알, 랑콤, OLAY, SK2 등 10개 뷰티 브랜드가 매출액 1억 위안(약 170억)을 달성했다. 그중에는 국내 브랜드인 LG 생활건강 설화수, 더 히스토리 오브 후도 포함되어 있었는데, 설화수 매출은 전년 대비 17% 증가해 13시간 만에 지난해 실적을 초과 달성했고 이후의 매출은 전년 대비 181% 성장했다.

타오바오 라이브커머스가 활성화되면서, 앞서 소개했던 대표적인 라이브커머스 왕홍들의 수수료는 이미 20~30%로 형성되어 있다. 하지만 탑급 왕홍들이 아니라면 상황이 다르다. 최근 많은 중국인이 왕홍에 도전하면서, 라이브커머스에 대한 마케팅 비용 없이 기본 실비만 측정하고 수수료를 쉐어하는 경우가 많아지는 추세다. 중국 왕홍들의 기본 실비는 용진佣金이라고 하는데, 시간당 300위안에서 1만 위안까지 다양하다. 라이브 방송을 진행하는 프로세스에 대하여 이야기하자면 한국은 라이브커머스 방송을 진행할 때 보통 2주 정도의 준비 기간을 둔다면, 중국은 라이브커머스 방송 준비에 4주, 즉 한 달이라는 기간이 필요하다. 한국은 이제 라이브커머스 붐이 일고 있지만, 중국은 이미 상당히 발전하여 전 국민이 왕홍화가 되었다는 이야기를 들어본 적 있을 것이다. 여기서 내가 말하는 왕홍은 소왕홍KOC이고, 한국 브랜드사들이 쉽게 합작하여 라이브커머스를 진행할 수 있다.

일반적으로 왕홍들과 함께 라이브커머스를 진행하고자 하면 왕홍에게 샘플을 보내기 앞서 먼저 중문 회사 소개 자료 및 상품 자료를 보내야 한다. 왕홍들은 회사에 대한 기본적인 정보와 브랜드 소개서를 통해 제품에 대한 신뢰도를 파악한다. 여기서 말하는 신뢰도는 이 회사가 안정적으로 중국에 물건을 보낼 수 있는지에 대한 지수다. 물건을 판매하려는 왕홍의 입장에서 안정적인 제품 공급은 엄청 중요하다. 실제로 많은 왕홍이 한국 브랜드사와 함께 라이브커머스 방송을 진행했으나 물량 확보가 어려워서 곤란을 겪었다.

회사 소개와 제품 소개를 통해 제품에 관심이 생기면 왕홍들은 샘플을 요청하고, 내부적으로 제품에 대한 전략 회의를 진행한다. 만약 왕홍이 이 제품을 판매하겠다고 결정하면 계약서를 작성하고,

계약 체결 후에 방송 스케줄을 확정해 브랜드사에 전달한다. 왕홍은 제품에 대한 공부를 철저히 하며, 라이브 방송 이전에 홍보 영상을 만들어 본인 SNS에 공유한다. 소비자들의 반응을 미리 확인하기 위한 것이다. 라이브 방송을 하기 전에 SNS를 통해 사전 홍보를 해야 하기에 왕홍 마케팅에 들어가는 추가적인 비용이 있을 수 있다. 여기서 알아야 할 점은 중국의 소셜미디어 플랫폼별로 왕홍의 광고 비용이 다르지만 탑급 왕홍들과 협력한다고 하면 1억 이상의 광고비는 기본이다. 라이브 방송 1회 비용은 공식적으로 정해져 있지만, 단순히 라이브 방송만 하는 것이 아니라 그 외 바이럴 마케팅도 같이 진행하기 때문이다.

중국 왕홍들이 라이브커머스를 진행할 때 보통 서브 한 명을 둔다. 한 명이 진행을 하고 한 명은 추임새나 보충 설명을 해야 하기 때문이다. 보통 게스트를 초청하면 그 게스트가 서브 역할을 맡게 된다. 화장품은 혼자서 하는 경우도 있다. 화장품은 혼자 설명하며 시연이 가능하지만, 제품이 의류라면 한 명이 설명하면서 옷까지 입어 보는 건 역부족이므로 원활한 라이브 방송 진행을 위해 두 명이 출연한다. 왕홍에게 라이브 방송을 제안하면 가장 먼저 왕홍들이 물어보는 것이 중국 내에 판매 채널이 있는가이다. 그래서 한국 브랜드사의 중국 쇼핑몰은 필수다. 그중 가장 빨리, 그리고 저렴하게 개설할 수 있는 게 바로 타오바오 상점이라 한국 기업 대부분은 타오바오 상점을 갖고 있지만 아직 모르는 브랜드사도 많다. 또한 타오바오 상점을 개설하고 라이브커머스 방송을 진행하기 위하여 알리바바 그룹 MCN에 가입되어 있는 왕홍들과 합작하여 한국 브랜드사의 상품을 판매할 수 있다는 점도 모르고 있다. 그럼 어떻게 왕홍을 찾아 물건 판매를 제안할 수 있을지 그 방법에 대해 자세히 알아보자.

02 혼자 팔기 어려우면 왕홍을 찾자

중국 시장에서 성공하기 위해서는 온라인 유통 중심에 있는 왕홍을 잘 선택하는지의 여부에 달렸다. 일반적으로 왕홍을 선택할 때 인기도를 첫째로 고려할 테지만, 이는 100% 옳은 선택이라고 할 수는 없다. 일정한 편협성이 존재하기 때문이다. 모 왕홍의 인기 콘텐츠가 많은 사랑을 받았다고 하더라도 실제 트래픽의 전환율은 다를 수 있다. 대중의 사랑을 받는 콘텐츠가 반드시 제품의 홍보 효과를 극대화시켜 구매전환율로 연결된다는 보장은 없다. 일상 브이로그로 자신의 생활을 공유하는 왕홍이 자신의 팬들에게 갑자기 제품을 판매하게 되면 오히려 반감을 살 수 있기 때문이다. 위에 서술한 상황 외에도 구매가 일어나지 않는 데에는 3가지 이유가 있다.

첫째, 본래 해당 왕홍은 한국 제품이 아닌 유럽 제품만 판매해 왔다. 또한, 팬들은 한국 제품을 선호하지 않는다.

둘째, 본래 해당 왕홍의 팔로워는 여성보다 남성의 비율이 더 높다. 반면, 판매 제품은 여성을 겨냥한 제품이다.

셋째, 본래 해당 왕홍의 팬들은 직장인 위주로 구성되어 있다. 반면, 판매한 브랜드 제품은 소녀 심리를 자극하는 상품이라 팔로워의 성향과 부적합하다.

자신의 브랜드 제품의 핵심 사용자를 정확하게 찾으려면 처음부터 소비자층을 고려하고 잘 관리해야 한다. 적절한 왕홍을 선택하지 못한 것이 왕홍 마케팅에 실패하는 가장 큰 원인이다. 그럼 어떻게 왕홍을 찾아야 할까?

알리바바 소속 왕홍 찾기

사이트(v.taobao.com)에 접속해 타오바오 상점 ID로 로그인하면 타오바오에서 활동하는 커머스 왕홍 리스트와 판매 순위별 추천 왕홍을 확인할 수 있다. 먼저 사이트를 로그인하면 첫 페이지가 [그림 3-1]처럼 나온다.

이 사이트에서 '找主播(왕홍 찾기)'를 클릭하면 [그림 3-2]를 통해 확인할 수 있듯이 타오바오 내 인기가 많은 왕홍들이 상단에 뜬다.

바로 밑에는 원하는 품목군, 팬 수, 시청자 수 등 조건에 맞춰 왕홍을 검색할 수 있다. 종합적으로 기간을 설정하여 왕홍별 판매 데이터도 확인할 수 있고, 현재 활동하고 있는 왕홍인지 쉬고 있는 왕홍인지도 확인이 가능하다. 한 달 전에 매일 라이브 방송을 하며 판매 매출을 크게 올렸던 왕홍이지만 현재는 방송을 중단했을 수도 있기 때문에 왕홍별 데이터는 꼭 확인해야 한다. 매일 고정적인 시간에 라이브 방송을 하는 왕홍일수록 판매 매출이 안정적

그림 3-1 타오바오 왕홍 찾기 사이트 로그인 페이지

그림 3-2 타오바오 내 인기 왕홍

브랜드라면 알아야 하는 왕홍이야기 **103**

인 건 당연하다. 판매 데이터뿐만 아니라 플랫폼 내에서 각 왕홍이 어디 MCN 소속인지도 [그림 3-3]을 통해 확인할 수 있다.

왕홍과 라이브 방송을 진행하고 싶으면 [그림 3-3]에서 가장 오른쪽에 있는 '合作(합작하기)'를 누르면 왕홍별 견적이 뜬다. 왕홍을 통해 물건을 홍보 혹은 판매하고 싶다면 이 플랫폼을 활용하자. 메시지를 보낸 뒤 약간의 기다림이 있을 수 있지만 왕홍과 함께 제품을 판매할 수 있는 좋은 기회이니 인내해보자. 왕홍이 혼자서 제품 선택부터 기획, 판매까지 다 한다고 생각할 수 있지만 그렇지 않다. 왕홍은 소속된 조직이 있기에 왕홍과의 합작까지 다소 시간이 소요될 수 있다. 웨이야라는 왕홍은 혼자서 물건을 잘 팔지만, 기업의 대표로서 300명 이상의 소싱 팀, 운영 팀, 물류 팀 직원들과 함께 왕홍 비즈니스를 하고 있다. 이들은 제품을 선택하는 데 누구보다 신중하고 까다롭다.

내가 원하는 왕홍을 검색하면 [그림 3-4]처럼 정보가 자세하게 나온다. [그림 3-4]와 [그림 3-5]는 웨이야라는 왕홍이 보유한 팬들을 분석한 표다. 표를 통해 그 왕홍이 보유하고 있는 팬이 몇 명인지, 그 팬의 기본적인 특징이 무엇인지 분석해 볼 수 있다. 웨이야는 여자 팬의 비율이 50.79%이고, 나이도 85년생 이후와 95년생 이후가 많은 것을 확인할 수 있다. 추가로 팬들의 지역별 분포도도 확인할 수 있고, 품목별 혹은 생활별로 좋아하는 선호도도 확인할 수 있다.

또한 [그림 3-6]처럼 최근 7일 동안 라이브 방송을 하거나 활동한 이력과 판매 매출을 확인할 수도 있고, 왕홍별 평가 리뷰도 확인할 수 있다. 최근 평가 리뷰가 있는지 확인하는 것도 중요하다.

그림 3-3 왕홍별 종합적 수치 및 MCN 회사 확인 페이지

그림 3-4 알리바바 플랫폼 내 왕홍 웨이야 기본 정보 페이지

브랜드라면 알아야 하는 왕홍이야기 **105**

粉丝分析

基础特征

性别占比

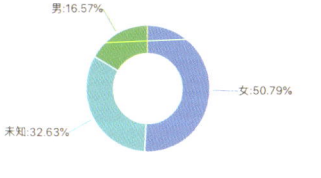

年龄分布

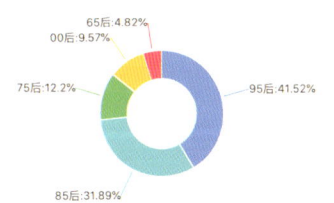

그림 3-5 알리바바 플랫폼 내 왕홍 웨이야 팬 분석 페이지

历史作品及数据

内容互动数据　7日数据 ⌄ 　数据解读 ＞

20
7日内容发布数 ⓘ

36.35w
7日内容引导进店次数 ⓘ

1051
图文7日内容浏览次数 ⓘ

16439.74w
直播7日内容观看次数 ⓘ

502.45w
短视频7日内容播放次数 ⓘ

热门直播

直播日期　2021.09.08　观看数　23812503

直播日期　2021.09.07　观看数　16705469

直播日期　2021.09.05　观看数　19379438

그림 3-6 최근 7일 라이브 방송 데이터

알리바바 플랫폼에서 왕홍과 협업하기 위해 한국 브랜드사가 준비해야 할 것은 중국에서 개통한 핸드폰 번호로 알리바바에 가입하고 알리페이 인증을 거쳐 타오바오 쇼핑몰에 입점하는 것이다. 알리바바 플랫폼에 가입하고, 로그인을 해야만 왕홍들을 찾아볼 수 있고, 협업을 제안할 수 있다.

틱톡, 콰이쇼우, 비리비리 왕홍 찾기

중국 왕홍들이 활동하는 동영상 플랫폼의 인기 수치와 인기 동영상, 인기 왕홍을 확인할 수 있는 사이트가 있는데, 바로 페이과飞瓜이다. 페이과에 접속하면 크게 틱톡, 콰이쇼우, 비리비리B站 플랫폼의 데이터를 확인할 수 있다. 먼저 틱톡 혹은 콰이쇼우를 누르면 해당 플랫폼에서 활동하는 왕홍들의 라이브커머스 판매 순위, 인기 제품, 팔로워 증가 등 실시간 순위가 나온다.

비리비리는 우리가 다 알고 있는 유튜브와 비슷한 플랫폼이라고 생각하면 편하겠다. 초창기에는 애니메이션을 전문적으로 다뤘는데, 현재는 다양한 콘텐츠를 아우른다. 평균 연령은 21세로 비교적 낮은 편이고, 한국 관련 콘텐츠가 많다.

왕홍 MCN 회사 찾기

상기에 언급했던 사이트(v.taobao.com)에 들어가면 [그림 3-7]처럼 알리바바 그룹과 파트너쉽을 맺고 있는 MCN 회사를 검색할 수 있다. 라이브커머스를 진행할 수 있는 플랫폼이 타오바오만 있는 것이 아니기 때문에 앞서 언급했던 페이과(feigua.cn) 혹은 치차차蚩查

查(qcc.com)라는 사이트를 통해서도 중국 기업의 상태를 확인할 수 있다.

많은 국내 기업이 왕홍을 찾지만 어떻게 찾아야 하는지 모르는 경우가 많다. 정보의 홍수 시대에 살고 있는 지금, 누군가를 통해서 사람을 소개받고 제품을 찾는 시대는 지났다. 최근 B2C[7]와 D2C[8]를 포함하는 신규 사업 추진에 중점을 두는 기업이 많아지는 것을 보아도 알 수 있다. 중간 상인을 거치지 않고 진행되는 비즈니스 추세인 요즘, 한국에서도 왕홍 라이브 방송 붐이 일었던 초반에는 중간에 껴 있는 브로커들이 많았다. 브로커를 통해 왕홍을 섭외하고 라이브 방송을 진행하기로 했는데 취소되거나, 라이브 방송을 진행했는데 물건이 판매되지 않는 일이 비일비재해서 많은 국내 기업이 왕홍 마케팅에 실패했었다. 하지만 이제는 아니다. 위 사이트 혹은 중국 SNS 왕홍 플랫폼인 샤오홍슈, 틱톡, 콰이쇼우, 비리비리를 통해 직접 왕홍과 컨택할 수 있고, 중국을 잘 모르거나 중국어 소통이 불가능한 기업은 국내 혹은 중국에 있는 왕홍 MCN 회사를 통해서 왕홍을 섭외할 수 있다. 아니면 한국 기업들이 중국인이나 중국어가 가능한 한국인을 고용하여 각 플랫폼에서 직접 왕홍을 찾아 컨택해도 된다. 여기서 한 가지 주의해야 할 점은 중국은 플랫폼별 데이터를 확인할 수 있는 사이트가 다르다. 예로 알리바바 그룹은 타오바오(v.taobao.com)에서 확인한다면 틱톡은 씽투星图(star.

---

7 B2B: 기업과 소비자 간 거래

8 D2C: 소비자 직접 판매

그림 3-7 알리바바 MCN 파트너 리스트

toutiao.com/ad#/market) 혹은 챤마마蝉妈妈(chanmama.com), 콰이
쇼우는 콰이지에딴快接单(k.kuaishou.com/official.html#/)을 통해
데이터와 정보를 확인할 수 있다.

03 디지털 마케팅이 접목된 왕홍 라이브커머스

중국에 왕홍이 활발하게 활동할 수 있었던 가장 큰 이유는, 중국이
너무나도 빠르게 디지털화되었기 때문이다. 중국은 모든 디지털 문
명을 2000년대에 들어 한꺼번에 받아들였다. 중국형 검색 엔진 바
이두와 중국형 메신저 서비스 위챗의 진입은 중국에 있었던 나조차
도 너무나도 자연스럽게, 조금의 요동과 혼란 없이 그저 좋은 것이
라고 받아들였다.

처음 중국에 갔을 때는 나도 노키아 1100모델과 모토로라 핸

브랜드라면 알아야 하는 왕홍이야기 **109**

드폰을 쓰며 한국에 전화하기 위해 국제카드를 구매했었다. 어디를 가든 지갑을 챙겨야 했고, 교통카드는 필수였다. 그러나 2014년도 다시 북경대학원에 진학했을 때는 노키아나 모토로라가 아닌 아이폰을 사용했고, 그때는 한국에 있는 가족들에게 연락하기 위해 국제카드를 구매할 필요가 없었다. 너무나도 빠른 인터넷 보급 속도에 놀랄 새도 없었다. 스마트폰 하나로 한국, 일본 등 전세계에 있는 화교권 친구들과 연결되었고, 위챗이나 알리페이 QR 코드 하나로 외출 시 모든 결제가 가능했기에 스마트폰은 중국에서 생활하는 모든 이에게 엄청난 필수품이 되었다.

베이징은 16,410km^{2}로 605km^{2}인 서울의 27배가 넘는 크기다. 2007년 처음 중국에 갔을 때는 택시를 잡기 위해서 부단히 노력해야 했고, 그렇게 넓은 베이징에서 외곽이라도 갈 때면 택시가 잡히지 않아 애를 먹을 때가 한두 번이 아니었다. 그러나 이제는 디디嘀嘀打车라는 택시 앱이 생겨 차의 종류까지 선택할 수 있고, 택시가 잘 오지 않는 외곽 지역이라도 추가 요금을 입력하면 멀리 있는 기사들까지 자청해서 온다. 모든 것이 디지털화가 되면서 중국의 생활은 너무나도 편해졌지만, 어떻게 보면 정보의 흐름과 돈의 흐름이 디지털화되어 14억 스마트폰 유저의 일상 생활이 너무도 쉽게 기업과 정부의 통제하에 있다는 것이기에 살짝 무섭기도 했다. 그러나 정부의 이런 확고한 정책은 중국을 디지털화를 통한 미디어 강대국으로 만들었다.

빠르게 디지털 문화를 받아들이고 있는 중국의 중심에는 왕홍이 있고, 왕홍은 세상의 트랜드에 누구보다 민감하다. 이에 일반적으로 왕홍을 섭외한다고 할 때 무작정 왕홍과 컨택하면 일이 성사되지 않는다. 만약 당신이 국내 브랜드사 대표이고, 왕홍을 통해 중국 시장에 진출하고자 한다면 기본적으로 이 3가지가 선행되었는지 체크해 보길 바란다.

첫째, 데이터 수집
둘째, 목표 설정
셋째, 방향 설정

중국에 판매하려고 하는 나의 제품이 중국 시장에 적합한지 먼저 시장 조사를 해야 한다. 시장 조사를 하는 방법은 여러 가지가 있는데, 먼저 중국판 구글 사이트인 바이두가 있다. 바이두는 2000년에 설립되었는데, 중국의 최대 검색엔진 기업이다. 알리바바, 텐센트와 함께 중국의 3대 IT 기업으로 꼽힌다. 우리나라의 네이버와 같다고 많이들 알고 있는데, 네이버와 비교했을 때 바이두의 검색 채널이 더 다양하다. 네이버는 많은 유저가 지식쇼핑, 비교검색 위주로 사용한다면 바이두는 정보탐색을 목적으로 사용하는 유저가 많다. 바이두에 있는 바이두 지수를 통해 지역별 소비 트렌드, 세대별 특성, 소비 성향 등의 데이터를 확인할 수 있고, 뉴스, 소비자 연령 및 성별 분석이 가능하며, 초기 인프라를 구축하기 위한 데이터 수집이 가능하다. 데이터 수집을 한 다음에는 내 제품에 맞는 중국 키워드를 선정해야 한다.

> **TIP**
>
> 중국 바이두 혹은 5118.com을 참고하자!

바이두 검색 채널은 종류가 많은데 기본적으로 네이버와 유사하지만 네이버에 없는 기능도 있다. 바이두의 기본적인 검색 채널은 알아두자!

다른 부분은 네이버와 다를 게 없지만 티에바의 경우, 바이두의 커뮤니티 사이트로 인터넷 게시판이다. 내가 팔고자 하는 브랜드의 키워드를 선정하여 커뮤니티에서 브랜드 노출을 진행하는 것이 좋다. 바이두 경험은 본인이 사용해 본 제품에 대한 경험을 작성하는 채널이고, 바이두 커우베이는 입소문을 통해 브랜딩을 하는 채널인데 2021년 4월 2일부터 바이두 비즈니스 입소문 웹페이지는 완전히 운영을 중단하고 오프라인, 더 이상 콘텐츠 및 서비스를 제공하지 않는다.

우리나라도 어떤 기업에 대해 알고 싶을 때 네이버에 검색하듯이 중국 역시 바이두에 검색하는 경우가 많다. 이에 한국 기업이 중국을 진출하기 위해 가장 먼저 고려해야 하는 것도 바이두다. 그럼 어떻게 기업 등록을 해야 할까? 바이두 백과사전 내에 국내 브랜드사를 등록하려면 바이두에 접속하여 중국 휴대폰 번호를 통해 인증 후 가입하거나, bit.ly/baidujoin에 접속하여 한국 핸드폰으로 외국인 바이두 가입 절차를 거친 후 직접 진행할 수 있다. 백과사전에 기업 정보를 입력하는 이유는 많은 중국 소비자가 한국 브랜드사에

바이두 검색 채널
- 바이두 블로그: baijiahao.baidu.com - 바이두 백과: baike.baidu.com - 바이두 지식인: zhidao.baidu.com - 바이두 지도: map.baidu.com - 바이두 티에바: tieba.baidu.com - 바이두 경험: jingyan.baidu.com - 바이두 커우베이: koubei.baidu.com - 바이두 여행: lvyou.baidu.com - 바이두 문고: wenku.baidu.com

대한 정보를 얻기 어렵기 때문이다. 바이두를 통해 기업 정보가 확인되면 신뢰를 얻을 수 있다.

중국 시장에 내 제품이 맞는지 데이터 수집을 위해서도 바이두 혹은 위챗 플랫폼의 빅데이터를 활용할 수 있다. 추가로 타오바오 내 셩이찬모生意参谋(www.diantoushi.com)를 통해서 분야별 판매 데이터 검색, 라이브 방송, 왕홍 판매 등을 확인할 수 있다. 내가 팔려고 하는 제품과 유사한 제품을 검색하여 내 제품의 경쟁력을 판단해 보는 것도 좋은 방법이다.

중국 트렌드 정보, 업계 동향, 잠재 고객 데이터 수집이 완료되면 목표를 설정해야 한다. 일반적으로 한국 브랜드사들이 중국에 진출하고자 하는 목표는 명확하다. 왕홍을 통한 제품 홍보 및 판매다. 하지만 브랜드의 중국 시장 진출은 단계에 따라 시장 테스트, 브랜드 인지도 제고, 목표량 판매 등의 적합한 마케팅 전략 목표 설정이 필요하다. 가장 중요한 것은 중국 내 브랜드 신뢰도 구축 및 인지도 제고를 위한 정확한 방향 설정을 한 상태여야 한다는 것이다. 중국 내 온라인 상점 입점을 통한 제품 실판매 루트를 확보할 것인지, SNS 공식 계정 운영을 통한 다양한 바이럴 마케팅으로 타깃 유저를 유입할 것인지 정해야 한다. 첫 번째의 경우 어떤 온라인 상점에 입점할 것인지에 따라 예산과 세부적인 계획을 정하고, 두 번째의 경우 브랜드사 자체적으로 채널 운영을 하면 좋지만 힘들다면 채널 운영 대행을 맡기도록 하자. 그 이후에 왕홍 채널을 통해 브랜드 콘텐츠를 중국 다양한 SNS 채널에 확산하는 것이 중요하다.

그럼 가장 먼저 쉽게 할 수 있는 디지털 마케팅은 무엇일까? 역시 바이두 마케팅이다. 바이두에는 바이두 검색엔진 마케팅 SEM_{Search Engine Marketing}과 검색엔진 최적화 SEO_{Search Engine Optimization}가 있다. 바이두 검색엔진 SEM 마케팅은 바이두 내 유료로 검색 광고를 하는 것을 말하는데, 주로 키워드 광고다. 중국 키워드 광고는 입찰 경쟁 형식이며 더 비싼 입찰가를 지불한 광고주가 상단에 노출되어 나오는 형태다. 즉 내 웹사이트가 검색엔진의 결과 상위 페이지에 뜨게 하는 과정을 말한다. 일반적으로 국내 브랜드사들은 키워드 광고를 많이 진행하며, 광고 운영 수수료는 보통 광고 금액의 10~15%다. 현재 PC 검색 영역에서는 한 페이지에 최대 5개, 모바일은 최대 3개까지 광고 노출이 가능하다. 광고 비용은 이름, 광고 지역, 시간대, 마케팅 목표(홈페이지 트래픽 증가, 앱 다운, 오프라인 매장 유입) 설정 후 노출 기간 동안 클릭이 일어난 횟수에 따라 비용을 지불하는 CPC 형식이다.

검색엔진 최적화 SEO에는 중국 내 홈페이지를 만들어서 SEO 최적화를 하는 방법, 온라인 언론 홍보를 통한 방법, 네이버 지식인과 같은 바이두 지식인(Baidu Q&A)을 통한 방법, 커뮤니티 사이트에 게시글을 올리는 방법(BBS), 네이버 지식백과처럼 바이두 백과를 활용하는 방법이 있다. 바이두 지식인의 경우, 제품이나 브랜드에 관한 다양한 질문과 대답을 만들어 온라인상에 배포하고, 연관 검색어 최적화 작업을 통해 이를 바이두 메인 페이지에 노출하는 방식이다. 커뮤니티 사이트에 게시글을 올리는 BBS 방법은 바이두 내 다양한 커뮤니티를 통해 브랜드 홍보가 가능하기에 가성비가 가장 뛰어나며, 제품이나 브랜드의 초기 중국 시장 진입 시 반드시 필요한 마케팅 활동이다. 중국 내 홈페이지를 구축하고자 하는 한국 기업이 있다면 도메인은 domain.cn의 형식을 선택하고, 소개는 간체자로 작성하는 것을 추천한다. 또한 한국의 워드프레스, 윅스와 같은 치페이예起飞页를 통해 제작하면 조금 더 쉽다. 보통 중국을 겨냥한 한국 기업들은 윅스를 통해 홈페이지를 제작하는데, 이는 만리방화벽 시스템 때문에 홈페이지가 열리지 않는 경우가 많아서 그렇다. 윅스나 워드프레스를 통해 제작된 홈페이지만 중국에서 열리기에 중국 시장만을 겨냥하여 홈페이지를 제작한다면 염두에 둘 필요가 있다.

또한 중국 인터넷 이용자의 대부분이 온라인에서 뉴스 기사를 소비하거나 SNS 블로그를 하기 때문에 언론 홍보도 많이 진행하지만, 중국 내 언론 매체는 너무 광범위하므로 브랜드 콘셉트에 맞는 언론 매체를 선택하여 홍보하기를 추천한다. 언론 보도를 통해 브랜드나 상품의 공신력 및 신뢰도를 확보할 수 있다.

옛날의 중국과 지금의 중국은 엄연히 다르다. 2016년도의 중국을 떠올리며 한국 화장품이면 중국인들이 다 좋아할 것이라 생각하면 오해다. 그 시절은 끝났다. 중국에 화장품 공장이 너무 많이 생겨났고, 저렴하고 기획력 좋은 상품이 넘쳐나고 있다. 한국 기업이 중국에 진출하기 위해서는 한국 제품이어서 좋다가 아니라, 한국 제품 중에서도 '이런 기술력과 이런 브랜드 스토리가 있다'라는 식으로 접근해야 한다. 브랜드의 신뢰를 주는 것이 가장 중요하다. 실제로 왕홍을 통해 물건을 판매하고자 하는 가장 큰 이유도 소비자들이 왕홍을 신뢰하고 있기 때문에 물건을 사는 것이듯, 브랜드에 대한 신뢰가 있어야만 왕홍들도 브랜드를 신뢰하고 팬들에게 브랜드를 소개할 수 있다. 2017년도부터 중국에선 생활의 격에 상당히 관심이 높아졌다. 이에 많은 소비자는 왕홍에 대한 관심을 SNS에서 표현하고, 그들의 일거수일투족에 주의를 기울인다. 중국에서 왕홍 마케팅이 유난히 효과가 좋은 이유도 바로 이런 영향 때문인 것으로 보인다. 중국의 소비자는 자신이 동경하는 왕홍을 따라 하고 싶어 하고 경험을 공유하고 싶어 한다.

2000년대 뉴밀레니얼 시대를 맞으면서 앞으로 왕홍 라이브커머스를 통해 매출을 확대하고 싶은 브랜드사가 있다면 중국의 디지털 마케팅에 대한 기본적인 이해도를 갖고 접근하기를 당부하고 싶다. 그다음에 왕홍 라이브 방송을 통해서 상시 제품 홍보 및 판매를 진행하는 것이 빠르게 매출 목표를 달성하는 방법일 것이다. 많은 기업이 왕홍 라이브 방송을 하기를 원하지만 실제로 왕홍들은 사전에 이루어져야하는 다양한 중국 SNS 채널에 한국 기업들의 제품 콘텐츠가 확산되어 있지 않으면 섣불리 브랜드를 맡지 않는다. 왜냐하면 제품 선택과 판매는 본인의 이미지와 결부되기 때문이다. 본인을 믿고 제품을 구매하는 팬들과의 신뢰가 이들이 왕홍으로 걸어가는 길의 수명을 좌지우지하기 때문이다.

따라서 기본적인 바이두 바이럴 마케팅과 언론 매체 홍보 등의 디지털 마케팅을 진행한 후에 왕홍을 컨택해야 한다. 즉 중국비즈니스에 성공하기 위해서는 중국 디지털 마케팅과 왕홍을 필수적으로 접목해야 하는 것이다. 또한 앞서 언급한 3가지가 선행되어야만 라이브커머스를 상시적으로 진행했을 때 매출을 더 극대화할 수 있다. 중국 시장에서 성공하기 위해서는 중국 디지털 마케팅과 왕홍을 접목해야 한다. 노출이 되어 있는 제품은 소비자들도 더 구매하기 쉬우며, 왕홍과의 협업도 더 수월하다. 실제로 왕홍 마케팅을 하고 싶다는 업체들을 만나면 대다수가 중국 디지털 마케팅을 아예 모르고, 심지어 우리나라에서 해야 하는 기본적인 바이럴 마케팅조차 되어 있지 않은 기업이 많다. 이제는 중국 바이어들도 왕홍들도 한국 제품을 팔고자 할 때, 제품을 만드는 한국 회사 연혁, 브랜드 스토리, 더 나아가 네이버에 검색해서 어느 정도 노출이 되었는지 인스타그램을 통해 한국 인플루언서들이 실제로 사용하는지를 확인한다는 점을 인지하자.

04 14억 인구를 겨냥한 왕홍 마케팅 전략 1 :
단일 플레이 vs 순환 플레이

14억 인구수를 가진 중국, 그 시장에 국내 브랜드사가 들어가기 위해서 가장 먼저 어떤 계획을 수립해야 할까? 중국은 땅도 넓고 사람도 많고 물건도 많다. 모든 지역을 다 타깃팅한다는 것은 불가능하다. 앞서 언급했던 데이터 수집, 목표 및 방향 설정을 마쳤다면 먼저 중국 SNS 내 브랜드 채널을 구축하자. 타오바오 상점 개설은 중국 통장 개설과 휴대폰 개통이 되어 있다면 비교적 수월하지만, 틱톡 라이브 채널은 확보하기가 쉽지 않다. 2021년 10월 9일부터 틱톡 플랫폼은 라이브 방송 시 타오바오 혹은 티몰, 징동과 같은 타사 이커머스 플랫폼 링크 연계를 막으며, 틱톡 자체 상점을 통해서만 물건을 팔 수 있게 했다. 틱톡 상점 개설 조건도 중국 내 영업집조(사업자등록증), 중국 신분증, 출판물경영 허가증, 은행 카드, 신분증을 들고 찍은 본인 사진을 제공해야 하니, 이는 외국인은 상점 오픈을 하지 말라는 이야기와 같다. 즉 중국에서 틱톡 상점을 개설하기 위해서는 중국 파트너가 필요하다는 뜻이다. 만약 파트너가 있다면 위의 자료를 제공한 3일 내 결과가 나오며 보증금 5000위안만 지불하면 된다.

　따라서 틱톡을 통한 라이브커머스를 진행하고 싶다면 상점 입점이 아닌 틱톡 왕홍과 합작하는 라이브 방송을 추천한다. 틱톡 판매 랭킹 순위를 확인한 후, 왕홍 ID를 찾아 채널의 소개글을 보면 합작을 원할 경우 위챗 연락망이 적혀 있다. 다이렉트로 컨택할 수 있는 환경이기에 직접 소통하는 것이 가장 빠른 방법이다. 그럼 SNS 플랫폼 중에 브랜드사가 쉽게 접근하여 직접 구축할 수 있 채널은 어떤 게 있을까? 바로 웨이보다. 중국판 페이스북인 웨이보에 공식 기업 인증을 받아 개설하고, 기업 정보 및 제품에 대한 정보를 업로드하여 중국 소비자들에게 브랜드에 대한 신뢰를 줄 수 있다. 공식 기업 웨이보에 개설한 타오바오 쇼핑몰을 연계해 상품판매를 극대화할 수 있다. 즉 자체 웨이보 채널에서 콘텐츠를 지속적으로 생산하여 확산하고 타오바오 쇼핑몰로 랜딩 페이지를 연계해 매출을 올리는 것이다. 웨이보 기업 계정 개설은 일반적으로 일주일 정도면 인증 완료되므로 손쉽게 할 수 있다.

한국 기업 웨이보 운영 시 필요 자료

① 기업 로고(5M 이하, 사이즈 100X100, 파일 형식 JPG, GIF, PNG
   만 가능)
② 웨이보 배경 디자인(5M 이하, 사이즈 1920X960, 파일 형식
   JPG, GIF, PNG만 가능)
③ 웨이보 상단 테마 스킨(5M 이하, 사이즈 980X300, 파일 형식
   JPG, GIF, PNG만 가능)
④ 브랜드 소개(500자 이내, 중문으로 작성)
⑤ 사이트 URL(유입하고자 하는 사이트 URL 삽입)
⑥ 사업자등록증

중국 진출을 위해서 한국 브랜드사들의 중국 내 브랜드 채널 개설을 계속 이야기하고 있는데, 이를 위해서는 먼저 브랜드 IP

를 구축해야 한다. 중국에서 왕홍들이 IP 구축을 위해 주로 활동하는 소셜미디어 플랫폼인 틱톡, 콰이쇼우, 샤오홍슈, 비리비리 등에서 브랜드 IP를 직접 운영하는 것을 추천한다. 왕홍을 통한 브랜드 인지도 구축은 매우 중요하다. 중국 온라인 시장은 다른 글로벌 국가의 시장과 다르다. 온라인 소비 시장에서는 '브랜드의 왕홍화'가 우선시되어야 하며, 강력한 콘텐츠를 뜨겁게 달구어 대량의 팔로워가 유입되게 하는 것이 바로 왕홍의 힘이다. 개성과 가치를 가지고 있으면서 브랜드와 유사 면모를 가진 왕홍이 자신의 관점을 뚜렷하게 이야기하는 브랜드는 대중의 이목을 끌 수 있다. 브랜드 채널 개설을 완료했다면, 왕홍을 통한 브랜드 이슈화를 위한 브랜드 마케팅 정책을 설정해 브랜드 IP를 구축하고 중국 시장을 겨냥하는 구체적인 계획을 세워야 한다. 지금까지 왕홍을 통해 이슈되었던 브랜드를 살펴보면 판매자와 구매자 사이에 일종의 게임 같은 형식이 많았다. 브랜드가 추구하는 매출 목표가 단기인지 장기인지에 따라 다른 플레이를 진행했다. 즉, 단기 매출 목표를 추구하는 브랜드는 단일 플레이를 위한 계획을 세워야 하고, 장기 매출 목표를 추구하는 브랜드는 순환 플레이를 위한 계획을 세워야 한다. 이것은 무슨 이야기일까?

단일 플레이란 기습 방식으로 한순간에 떠올랐다가 철수하는 것을 말한다. 즉 당장 호응이 높은 소비자들만 집중 공략하는 것이다. 이에 당신의 브랜드가 단기 매출 목표인지, 장기 매출 목표인지 한번 판단해 보기를 바란다.

예시 1. 쌍차

'씨차喜茶'라는 왕홍 브랜드가 유명세를 타는 것을 본 '쌍차喪茶'는 반대 콘셉트를 잡아 며칠 반짝 장사하고 없어지는 팝업스토어 형태로 4일 동안 문을 열었다. 쌍차의 '쌍喪'은 한자 그대로 '잃을상'이라는 뜻으로, 즉 상실의 카페다. 중국에서 갑자기 떠오른 상실의 카페는 공감 마케팅을 잘 적용했다. 영어로는 'ORZ CHA'라고 한다.

개업 당시 '힘내라, 너는 가장 뚱뚱한 홍차 라떼야'와 '네 인생은 바로 우롱 마끼야또'라는 두 가지 상품이 가장 잘 팔렸고, 음료 메뉴명이 중국 도시 청년, 화이트 칼라들의 블랙 코미디 감성을 자극함으로써 유명세를 탔다.

[그림 3-8]의 메뉴판을 자세히 살펴보면, 고백했다 까임 그린티, 매일매일이 야근 빙수, 만년쥐꼬리 후르츠티, 집값이 떨어져도 난 못 사 쥬스, 네가 못난 게 살쪄서만은 아닌 그린티라떼, 전 여친이 너보다 잘 지내 라떼, 전 여친 금수저한테 시집 카푸치노 같은 이름으로 많은 Z세대들의 감성을 자극했다. 매진 공지 역시 남달랐다. 문 앞에 '줄 서지 마시오. 오늘 상실은 여기까지, 내일 계속….'을 붙여 놓으며 많은 고객을 다음 날 또 줄을 서도록 이끌며 매출을 증대했다.

긍정적인 메시지가 아닌 상실의 메시지를 담은 상실의 카페는 모든 사람을 겨냥한 것이 아니라 상실한 사람들만 겨냥하여 공감 마케팅을 진행했기에 소비자들이 상실감으로 인해 다시 카페를 찾기를 기대하지 않았다. 제일 저렴한 티가 13위안, 제일 비싸도 22위안밖에 하지 않고 용량도 500cc이상으로 많지만, 마실수록 기분

그림 3-8 쌍차 메뉴판

이 우울해지며 더욱 상실감을 느낀다고 표현하며 단일 플레이 마케팅을 진행했다.

> **예시 2. 이별꽃집**
>
> 이별꽃집은 5월 20일 발렌타인데이, 모 창업자가 상해에서 주로 감정 기복이 있는 사람들을 대상으로 단 하루만 영업한 콰이샨 상점 즉 팝업스토어다.

아이디어가 떠오르면 빠르게 상업화하여 운영하고, 소비자들의 재방문을 기대하지 않는 것을 바로 단일 플레이라고 한다. 어쩌면 MZ세대의 소비를 극대화하기에는 단일 플레이가 효과적일 수 있다. 당신의 브랜드는 단일 플레이를 위한 브랜드인가? 그렇지 않은가?

반대로 순환 플레이는 이렇게 설명할 수 있다. 만약 당신이 한 식당의 단골 손님인데 점원의 태도가 이전과 같이 좋지 않거나 음식 가격이 오른다면 어떻게 할까? 아마 다음에 다시 가지 않을 것이다. 점포가 제대로 관리되지 않으면 상호작용이 파괴되어 고객의 재방문율을 높이기 어렵다. 손님들의 재방문을 고려하며 마케팅하는 것을 순환 플레이라고 한다.

순환 플레이의 예로 맥도날드는 전세계에 수많은 가맹점이 있지만, 고속도로 휴게소에는 입점하지 않는다. 이유는 휴게소의 특성 때문이다. 손님은 음식을 먹고 나서 바로 떠나므로 점포에 재방문할 가능성이 현저히 낮다. 휴게소의 상점들은 이러한 성질을 이용해 바가지를 씌우는 등 소비자를 홀대하고 기만하는 행위를 종종 보인다. 이는 단일 플레이 성향에 가깝기 때문에 소비자 입장에서도 점포를 처벌할 기회가 없다. 맥도날드와 같은 글로벌 가맹 브랜드는 브랜드와 소비자 간의 장기적인 유대 관계 조성을 중요시한다. 순환 플레이를 위해서는 언제나 소비자와 소통하고, 긍정적인 서비스를 유지해 나아갈 수 있는 전략을 짜고, 시대의 트렌드에 따라 지속적으로 자신들의 서비스를 업그레이드해야 한다.

최근 중국 시장은 단일 플레이를 지향하는 브랜드사들이 왕홍을 많이 활용하고 있다. 단기간에 폭발적인 인기를 얻은 후, 0에서 1만을 바라보며 N을 고려하지 않는 경우다. 이는 현재 많은 왕홍이 처해 있는 문제와 비슷한데, 새로운 것을 찾는 왕홍들의 심리를 잘 활용하면 매출 극대화가 가능하다. 그때그때 아이디어 상품으로 왕홍이 좋아할 만한 상품을 출시하는 등 왕홍을 통해 매출 향상을 모색하는 브랜드에 적합한 방법이다. 이런 브랜드사들은 장기적인 계획을 세우지 않고, 인기가 식으면 발빠르게 새로운 상품을 기획한다.

반면, 오랜 테스트 기간을 거쳐 기술력을 갖춘 소비자 브랜드사들는 IP를 장기적으로 운영해야 한다. IP를 통해 대중의 인지 문턱을 낮춰야 한다. 잘 갖추어진 브랜드 계획과 전략은 소비자들의 장기적인 소비를 이끌어 낼 수 있으며, 브랜드와 소비자 간 상호적인 관계를 유지할 수 있다. 왕홍 마케팅 계획을 수립하고자 하는 브랜드사가 있다면 순간의 고객들을 사로잡을 단일 플레이 전략도 필요하지만, 순간의 고객들을 단골로 만들기 위한 순환 플레이 전략도 병행해야 한다. 그럼 어떻게 단일 플레이와 순환 플레이 전략을 병행할 수 있을까?

순환 플레이 전략은 다음 3가지와 같다.

첫째는 CEO가 직접 선두에 서서 IP화하는 것이다(상대적으로 제조업, 부동산업에 해당하는 브랜드들이 많이 적용하고 있음). 브랜드는 즉각적으로 소비자들에게 연상되어야 하고, 순간적인 인지 정도가 크게 요구된다. 사람들이 많은 생각을 할 필요 없이 브랜드에 대한 이미지를 바로 떠올릴 수 있어야 하는 것이다. 일반 중소기업의 경우, 실질적으로 CEO가 직접 나서 화제를 띄우고 흐름을 잘 유지하는 것이 필요하다. 이에 최근 유통 시장의 화제로 떠오르는 라이브커머스에 CEO가 직접 출연해 기업 인지도 향상에 기여

하고 소비자에게 신뢰감을 구축하는 것은 큰 마케팅 효과를 기대할 수 있다.

둘째는 소셜 플랫폼, 각 매체의 왕홍과 제휴하여 특정 이벤트 기간만 집중적으로 마케팅 및 판매를 하는 것이다. 화장품 업종이나 특색 요리 같은 식품 업종에 많이 적용된다. 두 업종의 제품은 커머스 왕홍과 콘텐츠 왕홍이 판매를 많이 하는 영역이다. 대량의 IP를 일으킬 수 있는 기회이기에 중국의 특정 이벤트 기간을 미리 확인하고 각 매체의 왕홍과 제휴하여 왕홍 마케팅을 기획해 보자.

실제 사례로, '완미일기完美日记', 혹은 'Perfect Diary'라고 불리는 브랜드는 2016년 론칭한 중국로컬 색조메이크업 브랜드로, 6.18 징동의 날에 티몰에서 왕홍 IP 파워와 지금껏 쌓아온 제품에 대한 평판으로 국제 브랜드 로레알을 앞섰다. KOL의 영향력을 숙지하고 있던 설립자 겸 CEO 황진펑黃锦峰은 샤오홍슈, 위챗 등 모바일 플랫폼에서 왕홍 마케팅을 진행했고, 브랜드에 대한 인지도를 널리 알려 현재 중국 전체 메이크업 브랜드 온라인 판매량 1위를 하고 있다. 현재 기업가치가 12억 달러(약 1조 4천억 원)에 달한다.

셋째는 긴 호흡으로 끊임없이 브랜드 IP에 새로움을 부여하는 것이다. 일반적으로 오래된 전통 브랜드에 적용된다. 브랜드 IP의 진정한 가치는 얼마나 새로운 것을 끊임없이 주입할 수 있느냐에 달려 있다. 일본의 유명 브랜드 '대창생활관大创生活馆'의 핵심 직원들은 판매점에만 머물지 않고 문화 유산에 관심을 가지며 각종 미술관을 방문하는 등 생활의 양식을 쌓는다. 브랜드의 품위를 유지하려면 기업 내 직원들의 브랜드 스토리 교육도 중요하다. 브랜드는 화제성을 상시 띄어야 하며 지속적으로 콘텐츠를 생산해야만 IP를 활성화할 수 있다.

순환 마케팅을 위한 3가지 전략을 알아보았다. 한국 브랜드들이 중국 비즈니스에 성공하기 위해서는 중국의 소셜플랫폼을 직접 운영하며, 무엇보다 중국 소비자들의 니즈를 파악해 단일 플레이든 순환 플레이든 진행하는 것이 필요하다. 중국에서 라이브커머스는 이제 마케팅의 기본이다. 단, 그 무엇보다 중국의 문화를 이해하는 것에서 시작되어야 하며, 브랜드 스토리를 통해 IP를 장기적으로 운영할 수 있어야 한다.

05   14억 인구를 겨냥한 왕홍 마케팅 전략 2: 왕홍 라이브커머스

국내 브랜드가 중국 시장에 진입할 때 일반적으로 소비자 그룹의 포지셔닝이 이루어지는데, 주로 제품이나 서비스의 정확성을 장기적으로 지원하는 것이 필요하다. 과거에는 브랜드가 하나의 포지셔닝을 진행할 때 비교적 폭이 넓은 편이었고, 일반적으로 연령대를 경계로 나눠 각 층의 특징에 집중했다. 과거의 브랜드를 살펴보면 소비 연령대를 어렵지 않게 확인할 수 있다. 시대는 빠르게 변화하고 있으며, 시장 역시 시시각각 큰 변화가 일어나고 있다. 과거에는 정보 부족으로 변화가 더디었다면, 현재는 네트워크의 발달로 빠르게 정보가 전파되는 등 급속한 변화를 체감할 수 있다. 이에 따라 시장의 소비자층에도 변화가 생기면서 과거 젊은 층만 소비하던 제품이나 서비스를 중·장년층이 소비하기 시작했다. 이는 시장이 젊은 트렌드로 변화하고 있다는 뜻이다. 브랜드사들이 소비자 그룹을 겨냥하고자 할 때는 더욱 정밀히 중국 시장을 조사해야 하고, 이에 맞춰 변화할 필요가 있다. 팬데믹을 계기로 중국을 바라보는 시각들이 많이 달라졌다.

코로나19 발발 전부터 중국 미디어 산업은 발전했지만, 코로나19 이후 더 빠른 속도로 성장했다. 중국은 디지털 기반 산업의 중심인 왕홍이 이커머스 시장의 새로운 비즈니스 생태계를 안정적으로 구축한 상태이기에 중국에 진출하고자 하는 많은 기업이 왕홍에 많은 관심을 갖는 것은 당연한 이치다. 왕홍이 일반인, 즉 소비자 대상으로 큰 호소력을 갖고 있다는 점 때문에 중국에 진출하려는 여러 기업이 브랜드 인지도 향상이나 고객과의 신뢰 관계를 형성하기 위해 왕홍 마케팅을 진행하고자 한다. 이에 독자는 왕홍 라이브 커머스를 하기 위해 브랜드사가 준비해야 할 7가지 전략을 소개해보고자 한다.

전략 1. 자체 브랜드의 콘셉트 및 제품의 포지셔닝을 확실히 하라

중국 소비자들이 국내 브랜드 콘셉트를 보고 어떻게 느낄 것인가? 한국 소비자들과 중국 소비자들의 생각은 다르다. 예컨데 국내 브랜드 이름을 중문으로 만드는 데도 상당한 센스가 필요하다.

CJ 다시다는 대한민국 국민이라면 누구나 다 아는 조미료다. 중문으로는 발음 그대로 '大喜大'라는 이름으로 중국 소비자들에게

표 3-1 중국 상표 등록 프로세스

친근감 있고 복스러운 콘셉트로 다가갔지만, '大(크다)', '喜庆(경사스럽다)'라는 단어가 연상돼 빨간색을 떠오르게 하기에 조금 촌스러운 느낌이 있다는 평가도 있다. 모든 중국 소비자가 만족할 만한 브랜드명을 정하긴 어렵겠지만 중국 시장 내의 반응을 살필 필요가 있다.

또한 BBQ는 '比比客'인데, '比比'가 욕설인 '逼逼'와 같은 발음이어서 중국인의 입장에서 브랜드명을 들었을 때 조금 우스꽝스러운 느낌을 자아낸다. 이렇듯 국내 브랜드가 중국을 진출하고자 할 때 중문 이름부터 콘셉트를 확실하게 포지셔닝해야 한다. 국내에서 브랜드명이 좋은 이미지라고 해도, 중문으로 변경했을 때 중국 소비자들이 어떻게 받아들일지 생각해야 한다. 한국에 상표 등록을 했다고 해서 중국에서도 그 상표가 보호되는 것은 아니다. 중국은 상표를 먼저 출원한 사람이 임자다. 중국에 진출한 많은 브랜드사가 먼저 상표 출원을 하지 않아 피해를 본 이야기를 들어본 적이 있

第　30812261　号

商 标 注 册 证

爱 夸
AIKUA

核定使用商品/服务项目（国际分类：41）

第41类：教学；教育；培训；组织教育或娱乐竞赛；组织表演（演出）；安排和组织音乐会；组织角色扮演娱乐活动；书籍出版；广播和电视节目制作；现场表演（截止）

注　册　人　李惠兰M75887725
　　　　　　　LEE HYERAN

注册人地址　大韩民国首尔特别市恩平区缯山路19，7-7 201
　　　　　　　201,7-7, Jeungsan-ro 19-gil, Eunpyeong-gu, Seoul, Republic of Korea

注　册　日　期　2019年02月21日　**有 效 期 至**　2029年02月20日

局　　　长

发证机关

그림 3-9 중국 상표 출원증 예시

을 것이다. 장기적으로 브랜드를 가져갈 생각이라면 중국에도 상표
등록을 하길 추천한다.

상표 등록 프로세스는 [표 3-1]을 통해 확인할 수 있다. 보통
9개월 정도의 시간이 소요되며 중국 상표가 출원되면 [그림 3-9]
과 같은 상표출원증을 받을 수 있다.

전략 2. 과거는 브랜드가 사람을 이끌었고, 디지털 시대는 왕홍이 사람을 이끈다

과거에는 브랜드에 따라서 사람들이 많이 움직였다면 디지털 시대
는 다르다. 왕홍에 따라 사람들이 움직인다. 왕홍에 맞춰 브랜드를
만들어야 하는 시대가 온 것이다. 예전에는 소품종 대량생산이었다
면 이제는 다품종 소량생산이다. 왕홍들이 직접 브랜드를 만들거나
왕홍과 함께 브랜드를 만드는 것은 흔한 일이다. 만약 중국에 진출
하고자 하는 브랜드를 새로 출시할 계획을 갖고 있다면 중국의 왕
홍과 합작하여 제품 기획부터 디자인, 생산까지 같이 진행하기를
추천한다.

전략 3. 성공한 브랜드의 핵심 경쟁력 두 가지를 기억하라

바로 브랜드 가치(객관적)와 문화감성 가치(주관적)다. 많은 중국
소비자는 객관적으로 이 브랜드가 살 만한 가치가 있는 것인가를
많이 살펴본다. 예로 중국인들 사이에 브랜드 스토리로 큰 화제가
되었던 파파레서피의 '봄비 꿀단지'라는 마스크팩을 누구나 알고
있을 것이다.

파파레서피는 아빠의 사랑에서 시작했다. 피부 질환을 앓는 딸을 위해 건강한 화장품을 연구해 방부제를 넣지 않은 유기농 호호바 오일을 만들어 비슷한 고민을 가진 엄마, 아빠를 대상으로 판매를 시작한 브랜드다. 봄비 꿀단지 마스크팩은 중국에서 2016년 누적 1억 장이 판매됐다. 많은 중국 소비자는 아빠의 사랑이 담긴 봄비 꿀단지 마스크팩은 살 만한 가치가 있다고 판단했다. 이렇듯 객관적으로 보았을 때, 실제 좋은 원료인 유기농 호호바 오일로 제품을 만든 것과 동시에 아빠의 사랑이라는 감성 가치를 넣은 브랜드를 만들 수 있느냐가 브랜드의 성공을 좌지우지하는 핵심 경쟁력임을 기억하자.

전략 4. 한국적 이미지보다 글로벌 이미지를 창출하라

과거의 중국은 made in Korea 화장품이라고 하면 다 좋다고 생각했다. 지금은 한국 제품보다 유럽 제품, 미국 제품을 더 선호한다. '아시아권에 국한되는 것이 아니라 글로벌 나라에서도 환영받는 제품이다'라는 이미지를 주는 것이 중요하다.

전략 5. 빠르게 변하는 SNS 온라인 시장 추이를 파악하며 이벤트를 기획하라

중국의 데이 마케팅과 한국의 데이 마케팅은 다르다. 중국의 중요한 데이들을 기억하자.

브랜드라면 알아야 하는 왕홍이야기   **131**

중국의 중요한 기념일

- 발렌타인데이(양력 2.14): 연인의 날로 초콜릿, 꽃 등의 판매량이 급증하는 날이다.
- 모친절, 부친절(양력 5월, 6월 두 번째 일요일): 한국에 어버이날이 있다면 중국은 모친절과 부친절이 따로 있다.
- 부녀절(양력 3.8): 여자들을 위한 날로 여성 직원은 반나절 휴가를 누릴 수 있다.
- 노동절(양력 5.1): 노동자의 권리를 보호하기 위해 설립된 날이다.
- 먹방절(양력 5.17): '517'의 발음이 '我要吃(나 먹을래)'과 유사해 만들어진 먹방의 날이다.
- 고백절(양력 5.20): '520'의 발음이 '我爱你(사랑해)'와 유사해 만들어진 중국판 온라인 발렌타인데이다.
- 아동절(양력 6.1): 중국의 어린이날이다.
- 징둥데이(양력 6.18): 징둥의 창립일로 알리바바의 쌍11절에 버금가는 온라인 쇼핑축제 날이다.
- 칠석절(음력 7.7): 견우와 직녀가 만나는 날로 연인들의 날이며, 중국의 발렌타인데이로 불린다.
- 할로윈데이(양력 10.31): 젊은층 중심으로 코스프레를 하고 파티를 즐기는 날이다.
- 쌍11절(양력 11.11): 싱글데이에서 중국 최대의 알리바바 온라인 쇼핑 축제가 되어 타오바오 쇼핑데이로 불린다.
- 크리스마스(양력 12.25): 예수 성탄을 축하하는 날보단 연말연시의 즐겁고 이국적인 파티를 즐기는 날이다.

전략 6. 브랜드 스토리를 만들어라

중국에 진출하기 위해서는 브랜드 스토리가 중요하다. 대부분의 기업은 브랜드 스토리를 간과한다. 정말 막연히 제품을 만들었고 스토리가 없다면 가장 최후의 방법은 왕홍으로 이슈화하는 것이다. 하지만 스토리가 있는 제품을 왕홍으로 이슈화하는 것이 더 효과적이다. 감정을 자극하여 소비자의 마음을 사로잡아야 하며, 중국 문화적 요소와 결합한 브랜드 스토리와 예술적 요소를 더한 신선한 체험 마케팅을 기획해야 한다. 이제 제품만 판매하는 시대는 끝났으며, 브랜드 스토리 덕분에 소비자의 관심을 유도하고 판매까지 연결되는 브랜드들이 많다.

위 전략을 다 마쳤다면 브랜드는 소비자 연령층을 고려하는 것을 넘어, 직업, 문화적 요소, 소득, 지역, 취미 등 다양한 사회적 계층에 속한 사람들을 세분화할 필요가 있다. 브랜드사는 자신이 목표한 소비자층을 세분화하여 연구한 결과에 따라 홍보 및 판매하고자 하는 품목과 동일한 분야의 왕홍을 선택해 라이브커머스를 준비해야 한다. 왕홍의 팬은 브랜드 제품의 핵심 소비자 그룹이다. 브랜드 소비자 그룹의 포지셔닝은 브랜드가 시장에 진입할 때 고민해야 할 요소일 뿐만 아니라 브랜드가 생성되기 이전에 선 고려해야 할 요소다. 지속적으로 소비자층을 세분화하면서 새로운 소비군의 특징을 찾으려고 시도한다면, 해당 시장의 경쟁력에서 우위를 차지할 수 있으며 격차도 상대적으로 감소될 수 있다. 이는 브랜드 시장의 기회다.

앞서 이야기했던 왕홍 경제는 팬 경제의 일종이다. 팬 경제의 운영 방식은 간단히 요약하면 '전방 백스테이지'다. 젊은층을 겨냥한 왕홍은 온라인 상점의 미적 요소를 담당하고 있으며, 이를 활용해 팬을 유입시킨다. 수천만 개의 즐겨찾기와 추천의 활성화, 왕홍의 인기가 유지될 수 있는 비결은 바로 그들 뒤의 운영 팀이 탄탄하게 받쳐 주고 있기 때문이다. 운영 팀은 최전방에 서서 왕홍이 몰고 온 트래픽을 구매전환율로 연동시키는 작업을 한다. 팬들이 쇼핑할 수밖에 없는 다양한 요소를 저변에 깔아두는 것이다.

현재는 절대적인 왕홍의 시대라고 말할 수 있다. 많은 브랜드사는 정말로 왕홍 마케팅을 잘 활용하고 있을까? 오늘날 소셜 미디어의 영향은 사람들의 삶과 생활적인 측면 모두에 반영된다. 특히 비즈니스와 관련해서는 소셜 미디어가 매일같이 '게임 규칙'을 바꾸고 있다고 말할 수 있다. 과거에는 잠재적 소비자의 인식을 높이기 위해 유료 광고 또는 기타 마케팅 전략을 활용해 브랜드사의 영향력을 행사했지만, 이제는 소셜 네트워크다. 왕홍 라이브커머스가 이 점을 가장 분명히 보여 준다. 요즘 사람들은 '갖고 싶은 것이 무엇인지, 무엇이 필요한지'에 대한 인식이 명확히 잡혀 있기 때문에, 브랜드사가 제품을 상세히 설명해도 관심을 두지 않는다. 중국 특유의 정서상 그들은 왕홍, 셀럽 등 타인이 적극 추천하는 제품 콘텐츠를 광고가 아닌 소비 필수 정보로 인식한다. 브랜드사의 상세 설명보다 이 브랜드는 어떤 분야의 어떤 왕홍이 제품을 홍보하고 판매하는지에 초점을 둔다는 점을 기억하자!

전략 7. 라이브커머스를 진짜로 시작해 보자

수백만의 팬을 보유한 유튜버들의 동영상 조회수는 억대를 능가하기 때문에 수많은 회사는 그들과 협력하기 위해 줄을 서서 기다릴 정도로 노력을 기울인다. 이는 유튜브뿐만 아니라 트위터, 인스타그램 등도 마찬가지다. 이제는 '개인화' 시대다. 사람들은 일면식 없는 회사의 마케팅에 귀를 기울이지 않으며, 1인 미디어의 주체로 우뚝 서기를 희망한다. 중국에 진출하고자 하는 기업도 예외는 아니다. 왕홍을 통한 라이브커머스로 더욱 많은 방문자를 끌어들이고 전환율을 높일 수 있는 몇 가지 절차에 대해 알아보자.

당신의 청중을 최우선으로 두어라

당신의 최종 목표는 방문자를 유료 고객으로 전환하는 것이기 때문에, 그들을 중심으로 마케팅 전략을 수립하는 것이 가장 합리적이다. 최근 KOL 마케팅보다 KOC 마케팅이 더 화제를 끌고 있는 이유도 이 때문이다. 이때 청중의 선호도를 이해하는 데 필수적인 노력을 기울어야 하며, 이들이 어떤 반응을 보일지 예측해야 한다. 사람들이 어떤 왕홍에 관심을 보일지 콘텐츠 유형도를 판단하는 것도 중요한 요소다. 이를 위해서는 블로그, 동영상 등 여러 채널을 연구해야 한다. 대중은 실제 경험한 이들의 의견을 중시하는 경향이 있다. 브랜드사 영업 사원의 말보다 왕홍의 추천을 더 신뢰하는 것이다. 왕홍은 제 3자의 입장에서 제품을 설명하기 때문에 소비자에게 제품 판매를 촉진하는 일반적인 공장이나 회사와 같지 않고, 우수한 제품을 실제로 사용해 본 후 추천하여 타인의 소비 욕구에 영향을 준다.

당신의 이벤트에 적합한 분류의 왕홍을 선택하라

당신의 타깃 고객층을 확보하려면, 브랜드사가 기획하는 이벤트 혹은 프로모션에 가장 적합한 왕홍을 선택해야 한다. 이 작업을 수행할 때 고려해야 할 점이 많다. 예를 들면, 왕홍의 스타일이나 어투, 성향 등이다. 제품의 세분화된 시장에서 효과적으로 행동력을 보여줄 수 있는 왕홍이나 실질적으로 관련 품목을 다루는 왕홍을 찾아야 한다.

유료 광고는 이미 매력적이지 않다

광고 노출에 대한 사람들의 수용도는 제한적이다. 사람들은 TV와 같은 올드 미디어 대신 디지털 미디어 노출 광고에 반응하며 익숙함을 느낀다. 유료 광고는 대중에게 더는 직접적으로 다가오지 않는다. 브랜드사는 대중에게 유용한 콘텐츠를 제공하는 것을 목표로 두어야 한다. 사람들은 콘텐츠를 통해 정보를 얻기 때문이다. 광고를 통해 서비스와 제품을 강요하는 것은 소용이 없다. 소비자는 미묘한 마케팅 기법을 사용할 줄 아는 브랜드나 실질적인 제품의 용도에 대한 정보를 제공하는 브랜드에 눈을 돌리기 때문이다. 소비자의 심리를 잘 이용하는 브랜드사의 제품이 판매될 가능성이 더욱 높다.

136 제 3장

브랜드 목표치에 맞는 왕홍과 접촉하라

세분화된 시장, 이슈, 협력할 왕홍을 선택하는 것 외에 당신의 브랜드 목표치가 무엇인지 설정할 필요가 있다. 유명 왕홍을 이용하여 웹사이트나 블로그로 트래픽을 유도하는 게 목표인가? 소셜 미디어를 강화해 브랜드 영향력을 높이고 싶은가? 브랜드사가 자신의 브랜드에 가장 유리하다고 생각되는 방식을 찾아야 한다. 이론적으로는 간단해 보이지만, 실제로 왕홍이 제공하는 콘텐츠와 브랜디드 콘텐츠를 융합시켜 대중에게 다가가기 위해서는 많은 노력과 비용이 소모된다. 만약 당신의 브랜드가 성공적으로 앞선 일을 해낸다면 자연스럽게 중국 시장의 흐름을 타게 될 것이다.

왕홍 마케팅은 일말의 틈이 없는 광고라고 보아야 한다

전통적인 광고는 제품 판매에만 초점을 두고 있기에 상대적으로 마케팅적 수단이 한정되기 마련이다. 하지만 왕홍 마케팅은 브랜드나 제품을 '유기적'인 환경에 두기 때문에 더욱 효율적이다. 브랜드의 단순 광고 방식으로는 대중에게 다가가기 어렵다. 각자의 실행 가능한 범위 내에서 유용한 콘텐츠를 제공해야만 대중이 브랜드사가 전달하고자 하는 정보를 수용한다. 대중에게 더욱 즐겁고 자연스러운 경험을 선사하고자 한다면, 브랜드사는 대중에게 신뢰도라는 가치를 얻을 것이다. 이는 복잡한 마케팅 전략을 쓴다고 해서 가능한 부분이 아니다. 영국의 파이낸셜 타임즈Financial Times는 다음과 같이 보도했다. "현재 글로벌 왕홍 마케팅은 점차 TV와 종이 광고와 같은 전통적인 마케팅 방식을 대체하고 있다."

브랜드라면 알아야 하는 왕홍이야기 **137**

그럼 왕홍 라이브커머스의 가장 큰 특징은 무엇일까?

첫 번째로 왕홍 라이브커머스의 가장 큰 특징은 '상호 소통'이다.

왕홍은 생방송으로 방송을 진행하기 때문에 시청하는 사람들과 동시간대 소통이 가능하다. 생방송이 진행되는 동안 이용자들은 채팅을 통해 상품에 대한 다양한 정보를 접하고, 진행자뿐만 아니라 다른 이용자와도 실시간으로 소통할 수 있어 비대면 온라인 쇼핑의 단점을 보완한다. 또한 시청자가 방송을 보며 즉각적으로 구매 결정 및 결제를 할 수 있으며, 시청 중에 상세페이지로 쉽게 넘어가고 실시간으로 상품에 대한 질문과 답변이 가능하다. 이러한 좀 더 가까운 소통 방식으로 왕홍의 팔로워들은 소속감을 가지게 되고, 자신이 팔로잉하는 왕홍에 대한 신뢰도는 높아지게 된다.

두 번째는 판매와 홍보를 동시에 진행할 수 있고, 어느 분야나 넓게 적용이 가능한 '확장성'이다.

2019년 시작된 코로나로 인해 중국 오프라인 채널이 문을 닫으며 매출이 떨어졌지만, 전자상거래 플랫폼의 왕홍 라이브커머스를 활용한 기업들은 판매 성과가 높게 나타났다. 예로 들면 중국 화장품 프로야珀莱雅는 중국 전자상거래 플랫폼 중 하나인 티몰에서 2020년 1분기 매출이 거의 50% 증가했고, 프랑스 화장품 로레알은 중국 판매량의 67%를 전자상거래 플랫폼에서 올렸다. 그리고 최근 중국에서는 왕홍 라이브커머스 방송을 의류, 화장품 중심에서 전 영역으로 확대해, 오프라인 위주로 소비가 이루어지던 가전, 가구, 심지어 자동차, 부동산까지 판매와 홍보를 동시에 진행하고 있다. 이렇게 라이브커머스 플랫폼은 판매 분야도 넓게 적용할 수 있는 확장성을 띈다.

세 번째, 누구나 라이브커머스의 진행자가 될 수 있다.

라이브커머스의 진행자인 사람人의 다원화로 기존의 왕홍, 연예인, KOL 중심에서 정부 관료, 생산자, CEO, 점원 등으로 범위가 넓어졌다. 누구나 라이브커머스의 주체가 될 수 있는 것이다. 상품의 경계가 허물어지면서, 전문성을 가진 셀러에 대한 열망이 점차 늘어나며 다양한 직의 셀러가 등장했다. 제품의 생산자부터 기업 CEO, 연예인, 법원, 정부 관료까지 전문성을 가진 셀러들이 제품을 더욱 효과적으로 설명하고, 진정성 있는 소통을 하며, 제품에 대한 신뢰를 쌓아 엄청난 매출을 일으키고 있다.

네 번째, 라이브커머스 장소場가 다양화되고 있다.

기존에는 라이브 방송 스튜디오에서만 진행되었다면, 점차 제품을 판매하는 실제 매장, 산골 산지의 농장, 생산 공장, 농촌, 도매 시장, 해외 매장 등 오프라인 제품 생태계와 직접 연결되는 장소로 점차 진화되고 있다. 예를 들어 동대문 시장에 가면 중국 왕홍들이 SNS를 통해 중국 소비자들과 소통하며 다양한 한국 의류 제품을 구매하는 모습을 쉽게 목격할 수 있다. 현장에서 실시간 비즈니스가 진행되는 것이다.

다섯 번째, 왕홍 라이브커머스 방송을 진행하여 한국 제품들을 중국 온라인 유통 시장에 D2C로 연결시키며 매출을 증대시킬 수 있다.

현재 왕홍 라이브커머스는 브랜드 광고나 제품 판매를 위해 다양한 상업 플랫폼이 융합하며 지속적으로 성장하고 있다. 특히 왕홍 라이브커머스에 큰 관심을 가지고 있는 중국의 젊은 소비자층은 중국의 소비를 주도하고 있고, 한국의 의류와 화장품, 식품, 문화 콘텐츠, 관광 등 한류에도 많은 관심이 있다는 특징이 있다. 이러한 왕홍 라이브커머스가 가지고 있는 특징을 활용해, 국내에서 왕홍 라이브커머스로 제품이나 서비스를 생생하게 소개하면서 중국 시장에 진출할 수 있다. 먼저 왕홍 라이브커머스를 진행하려면 왕홍과의 사전 소통을 하기에 앞서 브랜드사는 다음의 자료를 준비하는 것이 좋다.

왕홍과의 사전 소통을 위한 자료

- 중문 상세 페이지(PSD 원본)
- 중문 상품 소개서(PPT 원본)
- 중문 상품 소개 영상
- 채널 내 판매허가증(브랜드수권서)
- 왕홍 전달용 샘플(1인당 3EA)
- 라이브 방송 시 제품 판매 희망 가격(소비자가, 중국 온라인몰 최저가)
- 라이브 한정 프로모션 기획안(1+1, 증정 등)
- 재고 현황
- 한국 내 상표등록증
- 위생허가(검역증명서)
- A/S 및 환불 프로세스

위 사항들 중에 한 개라도 준비되지 않으면 왕홍 라이브커머스를 진행하기 어려우며, 라이브 방송 판매 희망가는 반드시 모든 판매처 대비 가장 낮은 금액이어야만 한다.

자료를 다 전달하고 라이브 방송을 진행하게 되면 왕홍은 샘플을 사용해본 뒤에 라이브 방송 큐시트를 작성한다. 기본적으로 한 제품당 적게는 15분, 많게는 2시간 정도 설명하는데, 한 브랜드만 방송하는 경우는 드물고 대부분 10개 이상의 브랜드를 함께 쇼핑몰에 업로드해 놓은 상태에서 소개한다.

왕홍을 통해 D2C 해외 직구 라이브커머스 방송을 하려고 하는 업체들이 최근 들어 많이 늘었다. 코로나19 이후 중국에 마음대로 갈 수 없는 상황에서 취할 수 있는 가장 최선의 방법이라 생각하기 때문이다. 이에 가장 먼저 당면하는 문제가 바로 물류다. 중국 관광객들이 한국에 자유롭게 입국할 수 있었을 때는 흔히 말하는 따이공帶工[9]들이 국내 면세점, 백화점 등에서 구매해 갔지만, 지금은 따이공을 통해 물건을 반입하는 행위는 불법이다. 최근 D2C 라이브커머스가 화제로 떠오르면서 중국 직구 플랫폼을 통해 판매하는 브랜드사들이 많아졌다. 콰징종합세 적용을 받기 위한 조건은 B2C 무역이어야 하고, 해당 전자상거래 플랫폼이 중국 해관에 등록되어 있어야 한다. 중국 세관에서 공표한 전자상거래소매수입상품리스트에 해당되는 상품만 판매해야 하고, 구매자의 구매 한도는 1회 5,000위안 이하, 1년 26,000위안 이하여야 한다. 만일 초과된다면 일반 무역으로 간주되며 일반 무역 세금으로 적용되니 잘 확인해 보고 진행한다. 일반적으로 테스트 라이브 방송을 통해 중국 소비자들의 반응을 확인하고, 브랜드의 니즈가 있는 경우 중국 내

---

9 따이공(帶工): 한국과 중국을 오가며 물건을 대신 구입해 주는 보따리상

방식	따이공	해외 구매	콰징 전자상거래
설명	개인 혹은 제품 소유자가 직접 외국에 나가서 제품을 가지고 들어오는 방식	해외 사이트에서 구매하고 중국 내로 배송을 하는 방식	중국 내의 B2C전자상거래 플랫폼에서 구매하는 방식
교류 방식	C2C	B2C	B2C
제품 종류	무제한	무제한	콰징 전자상거래 수입제품 목록
물류 방식	해외 직구 후 국내 반입	해외에서 직배송 (DHL, 더방, 위안통, 윈다)	직배송 방식 보세 창고
물류 시간	느림	느림	보통 빠름
통관 속도	느림	느림	세관의 EDI 신고 시스템을 통해 빠름
통관	임의 검사	임의 검사	통관 필요
세금 납부	임의 검사 후 행우세 부가(50위안 미안)		콰징 전자상거래 종합세 납부
비고	2019년부터 위법	2019년부터 비주류	2019년부터 정부의 적극적인 지지

표 3-2 중국 라이브커머스 물류 종류

창고에 미리 입고한 다음 라이브 방송을 진행하는 것이 조금 더 효율적이다. 중국 라이브커머스를 진행하는 경우 일반적으로 물류 방식은 [표 3-2]과 같이 3가지로 나눌 수 있다.

현재 유통 업계가 변화하는 이유는 무엇 때문일까? 다음의 2가지 요소 때문이다.

첫째, 젊은층이 소비 시장의 주력군으로 부상했다. 이들은 전통 광고의 폭격탄에 지쳤기 때문에 개인적, 또는 동료의 의견을 참고하여 소비 결정을 내리길 희망한다. 다양해진 브랜드와 제품으로 신중해진 일반 소비자들은 구매하기까지 본인과 같은 '일반 계정'

의 진실 후기를 검색해 보고 최종 구매를 결정한다.

둘째, 인스타그램, 스냅챗, 트위터, 유튜브, 위챗, 웨이보 등과 같은 소셜 미디어는 많은 소비자의 시간을 사로잡고 있다. 다양한 영역에서 소비자를 향한 왕홍의 노출 빈도가 높아지면서 브랜드가 빠르게 확산되기 시작했다.

온라인과 소셜 미디어의 물결에 밀려 이제 전통적인 광고 방식으로 중국 시장에 진입하기란 매우 어렵다. 젊은 소비자들의 개성적인 소비 욕구를 만족시키기 위해서는 브랜드와 대상 소비자를 정확하게 연결할 수 있는 왕홍의 라이브커머스를 활용해야 한다. 최근 브랜드 경쟁이 심화되면서 대중의 제품 수렴에 대한 인식은 대기업의 홍보에만 의존되고 있어 기본적으로 브랜드 영향력을 강화하기가 어려워졌다. 그렇기에 전세계가 중국에서 먼저 시작한 쇼트클립 동영상과 라이브커머스에 더욱더 관심을 돌리고 있다. 많은 소비자는 왕홍의 트윗이나 쇼트클립 동영상을 본 후 제품을 선택하고, 라이브커머스 플랫폼을 통해 실시간으로 제품 구매를 결정한다. 중국의 14억 인구를 겨냥해서 라이브커머스 전략을 짠다는 것은 어려운 일이다. 단, 앞서 설명한 전략만이라도 충분히 생각해 보고 현재 대처 가능한 것을 바탕으로 목표를 세운다면 그리 막막한 일만은 아니다. 지금 당장 브랜드 콘셉트를 정하고, 세부적인 실행 방안을 구상해 보는 것은 어떨까? 당신도 중국 비즈니스 마케팅에 성공할 수 있다.

제 4장
크리에이터라면 알아야 하는 왕홍 되는 법

우연이 아닌 선택이 운명을 결정한다

-진 니데치Jean Nidetch

01 Mind map : 나는 왜 왕홍이 되고 싶을까?

2020년 코로나19 사태가 심해지면서 왕홍 아카데미 수업에 대한 제의를 받았다. 실은 시작할 때는 왕홍 아카데미에 대한 수요가 있을 것이라고 전혀 상상하지 못했다. 많은 한국인이 왕홍이 되길 원하고 또 관심이 있단 사실에 나도 놀랐다. 모두가 왕홍에 관심을 가지는 이유는 단 하나였다. '왕홍이 되면 돈을 많이 번다'라고 생각하기 때문이다. 이 말은 맞을 수도 있고 틀릴 수도 있다. 누구나 아는 왕홍과 일반 왕홍의 수입은 차이가 크다. 다만, 중국은 한국보다 인구수도 많고 내수 시장이 크기 때문에 한국과 비교했을 때 일반 직업보다는 왕홍이라는 직업이 더 많이 버는 것은 사실이다. 어떤 사람은 왕홍이 연예인인지 묻는데 왕홍과 연예인의 가장 큰 차이는 팬이다. 왕홍의 팬과 연예인의 팬은 다르다. 왕홍 팬이 만들어 낸 팬덤 문화는 독특하며 경제적 가치가 있다. 팬과의 교류가 팬의 구매전환율과 관련되기 때문이다. 실은 코로나19 사태로 한국은 라이브커머스 붐이 일었고, 이에 물건을 팔아 어마어마한 매출을 올리는 왕홍에 대한 관심이 급격히 증가했다. 어떻게 보면 적절한 타이밍을 만난 것이다. 하지만 이제 막 태동한 국내 라이브커머스 시장에 출현한 사람들의 직업을 '왕홍'이라고 부르기엔 한계가 있어 보인다. CJ ENM 사업부 다이아 티비가 만든 쇼핑과 엔터테이너의 합성어인 '샵테이너'라는 신조어에 이어, 모바일 쇼호스트, 라이브커머스 쇼호스트 등 다양한 신조어가 생겨났다. 내가 운영하는 아카데미는 '셀러인플루언서'라는 명칭을 사용한다.

셀러인플루언서란 인플루언서 겸 라이브커머스 셀러로 활동하는 신개념 직업을 의미한다. 라이브커머스 셀러로 활동하려고 결심했다면 인플루언서가 되어야 한다는 마인드를 심어 주는 것에서부터 왕홍 수업은 시작된다. 인플루언서란 흔히 사회 관계망 서비스SNS상에서 수십만 명의 팔로워를 보유하고 있으며, 유행을 선도하는 사람 혹은 다른 소비자에게 커다란 영향을 미치는 사람을 말한다. 즉 팔로워를 많이 보유하고 있고 다른 소비자에게 큰 영향을 미칠 수 있다면 그만큼 왕홍으로 활동하며 매출을 올리기가 수월하기 때문이다. 중국에서 왕홍이라 불리는 사람들이 국내 라이브커머스 시장에서 어떠한 이름으로 통일될지는 아직 모르지만, 우리나라도 모바일로 라이브커머스를 진행하는 사람들에 대한 호칭이 하나로 통일되고 의미가 정의되어야 할 필요성은 느낀다. 단, 무엇보다도 지금이 왕홍에 도전하기 가장 좋은 시기임은 분명하다.

우리나라 정부도 2020년 8월에 미래 유망 신 직업 14개 중 하나로 커머스 크리에이터를 선정, 육성 계획을 발표했다. 중앙대책본부는 "최근 비대면 경제의 부상으로 온라인 판매 채널 비중이 증가함에 따라 커머스 콘텐츠 전문 인력 확충 등 지원이 필요해졌다."라며 중소벤처기업부 산하 중소기업유통센터에서 올해 500명을 목표로 커머스 크리에이터 교육 과정을 운영하기로 했다. 커머스 크리에이터에 대한 높은 관심으로 국내에서도 왕홍이 되어 중국 플랫폼에 진출하고 싶은 사람들이 생겨났고, 왕홍 아카데미에 대한 수요도 많아졌다.

왕홍 엔터테인먼트 회사를 운영하면서부터 늘 가졌던 생각은 지금까지도 변함이 없다. 국내에 중국어를 능숙하게 구사하며 한국 상품을 소개할 수 있는 한국 왕홍이 많아진다면 한국 브랜드사들이 중국을 진출하는 데 큰 도움이 될 것이라 판단했다. 더군다나 최근엔 KOL급의 유명한 왕홍보다도 KOC급의 왕홍들과 함께 중국 온라인 시장에 진출하는 경우가 많고, 그 효과도 더 크기 때문에 한국 왕홍이 더욱 필요하다. 전부터 난 이왕이면 한국을 누구보다 잘 알고, 한국 브랜드사에 대한 이해도가 높은 한국 왕홍들이 한국 브랜드를 소개한다면 중국 소비자들이 받아들일 때도 조금 더 신뢰와 호기심을 가질 것이라 확신했다. 이것이 지금까지 국내 최초의 왕홍 아카데미를 고수하며 운영해 오고 있는 나의 신념이자, 이유다. 아이쾨 아카데미에는 원어민만큼 중국어 구사가 가능한 다양한 재능을 갖추고 있는 한국 왕홍들이 함께하고 있다. 여러분 역시 왕홍이 되고 싶어 이 책을 선택했다면 가장 먼저 선행되어야 할 부분이 있다. 바로 왕홍 마인드맵을 그려 보는 것이다. 왕홍 마인드맵을 통해 내가 왜 왕홍이 되고 싶은지, 그렇다면 이제 어떻게 해야 하는지 목적과 목표를 분명히 하고 본인의 콘셉트를 정확하게 정해 실행 방안을 찾아가야 한다.

우리는 왕홍으로 성공하고자 하는 꿈을 세웠다. 그러면 이 꿈을 성취하겠단 결심을 해야 한다. 꿈에 다다르기 위해서 필요한 것이 바로 비전이다. 비전은 꿈이 아니라 아직 실현되지 않은 현실이다. 즉 우리가 왕홍이 되어 성공하고자 하는 꿈이 있다면, 단·장기적인 목표를 세우고 현실적인 비전을 갖고 꿈을 향해 전진해야 한다. 내가 왕홍이 되기로 결심했다면 오늘부터 '나는 이미 왕홍이다'

라고 생각하자. 생각이 상황을 만들고, 분명한 목표만 있다면 왕훙으로 가는 길에 더 가까워질 수 있기 때문이다. 성취는 반드시 열정과 끈기를 동반한다. 어려서부터 난 항상 남에 비해 스스로 부족하다고 느껴서 누구보다도 더 끊임없이 연구하고 부지런히 움직여야 전문가가 될 수 있다고 생각했다. 이에 어떤 일을 할 때마다 단기적인 목표를 꼭 세웠다. 단기적인 목표를 달성할 수 있어야 장기적인 목표에도 다다를 수 있다. 왕훙 마인드맵이 그래서 중요하다. 본인의 비전을 기록하고 말하고 행동할 줄 아는 사람만이 왕훙으로 성공할 수 있다. 비전을 마음속으로만 간직하면 안 되고, '나는 왕훙이 될 거야' 혹은 '이미 난 왕훙이야'라고 많은 사람에게 말해야 행동으로 옮기게 된다. 말은 창조다. 지금 당장 왕훙 마인드맵을 작성해 보자.

왕훙 마인드맵은 왕훙이 되기로 결심한 본인이 이미 갖추어 놓은 부분과 왕훙이 되기 위해 준비해야 할 점을 확실하게 점검해 보는 첫번째 단계다. 왕훙 마인드맵의 왼쪽에는 현재 성취해야 하는 우선순위를 정리한다. 그리고 왜 왕훙이 되고 싶은지 생각해 본다. 가운데는 현재 본인이 갖추고 있는 것들이 무엇인지 적고, 오른쪽은 나의 비전을 20대, 30대, 40대, 50대로 나누어서 빈칸을 채워 본다. 이 작업이 끝나야 왕훙의 되기 위한 첫 걸음을 떼었다고 이야기할 수 있다.

중국의 왕훙 팬덤 문화는 왕훙 경제 산업 체인의 주체이며 왕훙의 영향력에 큰 영향을 미친다. 이에 왕훙이 되고자 하는 사람은 누구나 자기만의 팬덤 문화를 만들기 위해 노력해야 하며, 왕훙 마인드맵을 통해 내가 왜 왕홍이 되고자 하는지 자신에게 'Why'를 자주 되물어 봐야 한다. 자기 성찰에 대한 시간은 많으면 많을수록 좋다. 꿈은 크게 잡을수록 좋지만 현실적인 목표가 동반되지 않으면 실현 불가능한 꿈이라는 것을 알아야 한다. 예로, 중국의 틱톡이라는 플랫폼에서 100만 팔로워 왕홍이 되기로 마음먹었다면, 목표 실현을 위해서 당장 해야 하는 일들을 리스트업해야 한다. 한 달안에 만 명의 팔로워를 확보하기 위해 매일 몇 개의 영상을 촬영하고 업로드할 것인지, 라이브 방송은 몇 시간을 진행할 것인지 말이다. 그리고 목표를 세우기만 하는 것이 아니라 반드시 실행에 옮겨야 한다.

만약 여러분이 내가 앞으로 소개할 왕홍으로서 갖춰야 할 항목을 모두 숙지하고 행동으로 옮길 수 있는 사람이라면, 이미 왕홍이 될 자질을 충분히 갖춘 예비 왕홍이다. 왕홍 마인드맵을 작성했다면 다음 2가지를 진행해 보자.

나만의 롤모델 정하기

내가 무언가를 하겠다고 결심하면 그 분야에서 가장 최고인 사람을 관찰해야 한다. 먼저 내가 하고자 하는 분야에서 잘하고 있는 사람들을 리스트업해서 나와 비슷한 성향을 가진 사람의 라이브 방송 특징 및 콘텐츠 성향을 살펴보자. 당장 본인만의 콘텐츠를 만들기 어렵다면 이미 성공한 왕홍을 복제하는 노력을 해야 한다. 왕홍들의 콘텐츠를 벤치마킹해 보거나 모방을 해서라도 우선은 시작해야 한다. 시작이 반이라는 말도 있지 않은가? 왕홍의 길은 '나는 왕홍이 될 것이다.' 라는 생각만으로 갈 수 있는 것은 아니다. 생

순위	이름	구독자 수(명)					특징
		타오바오	틱톡	웨이보	샤오홍슈	콰이쇼우	
1	웨이야 (薇娅)	7,648.4만	1,642만	1,824만	160.3만	640만	· 성공적인 개인 브랜드 IP 구축 · 긍정적인 에너지와 밝은 이미지 및 신뢰도 구축
2	쉐리 (雪梨)	2,599.4만	106.1만	1,346만	101.3만	3.26만	· 대표적인 1세대 왕홍 · 재벌 2세 전 남자친구와의 화제성
3	리쟈치 (李佳琦)	4,465.4만	4,478.1만	23.4만	994.3만	840만	· 화장품 남성 리뷰어 1인자 · 성공적인 개인 브랜드 IP 구축
4	리에얼바오베이 (烈儿宝贝)	1,300.3만	210.5만	352만	4,874	9,500	· 타오바오 내 탑 모델 · 친근한 이미지 구축
5	딴딴 (蛋蛋)	-	-	-	-	3,340만	· 젊은층 취향 타깃팅 · 귀여운 이미지 구축 · 신유지 신바 회사와 전속 계약한 왕홍으로 신유지 신바의 제자 1호
6	신유지 신바 (辛有志 辛巴)	-	350.2만	142만	-	8,750만	· 농민 출신으로 성실하고 끈기 있는 이미지 구축 · 2020년 코로나 기간 동안 1.5억 위안(약 265억 4,100만 원) 매출 달성
7	샤오샤오펑 (小小疯)	683.7만	-	152만	-	169	· 반전 외모 · 항상 높은 텐션의 분위기 유지
8	동씨엔셩쭈바오 (董先生珠宝)	-	845.1만	22만	12만	110만	· 전문 지식 제공 왕홍으로 지적인 이미지 확보 · 보석과 명품 등 대중들이 관심 있어 하지만 쉽게 접근하기 힘든 분야 지식 전달
9	루오용하오 (罗永浩)	-	1,801.1만	1,801만	-	7,900	· 중국 스마트폰 기업 스마티잔 (錘子科技) 전 CEO 출신 · 6억 위안(한화 약 1,061억 6,400만원) 채무를 안고 왕홍 라이브 방송을 시작 · 유머러스한 이미지 구축
10	스따피아오량 (时大漂亮)	-	35.8만	-	-	2,190만	· 슈퍼 모델 출신으로 중성적인 이미지 구축 · 신유지 신바 회사 소속 왕홍으로 제자 2호

표 4-1 2021년 중국 라이브커머스 Top 10 왕홍

각과 동시에 실천으로 옮겨 한 개씩 해보았을 때 비로소 내가 얻어 가는 것들이 분명히 있다. 실제로 왕홍의 길을 들어서 보면 생각 지도 않은 문제들이 발생할 수도 있다. 내가 가는 길에 문제가 놓여 있다는 것은 내가 왕홍으로써 한 걸음 성장하기 위한 좋은 경험을 얻을 수 있다는 것이다. 문제가 확실히 보이면 보일수록 더 감사해야 한다. 문제가 선명하다는 것은 그만큼 해결책이 선명하다는 것이니까.

왕홍이 되고자 결심했다면, 지금 당장 나만의 롤모델을 정하고 그들을 따라 하자! 성공하는 방법을 알더라도 방법을 그대로 실행에 옮기지 않으면 절대로 성공할 수 없다. 어디 플랫폼에 어떤 왕홍이 유명한지 잘 모르는 예비 왕홍들을 위해, 2021년 중국 라이브커머스 Top 10 왕홍을 소개한다.

카테고리별 유명한 왕홍은 다음과 같다.

화장품

한국 왕홍이면서 메이크업의 여신인 '포니'는 무명의 뷰티 블로거였다. 포니의 화장 능력은 정말 놀랍다. 포니가 뷰티 영상에 나올 때마다 '포니 추천'이라는 태그가 붙고, 상품은 바로 매진된다. 포니는 자체 메이크업 브랜드인 포니이펙트를 보유하고 있고, 포니이펙트 화장품은 실제로도 잘 팔린다. 포니가 제품 출시만 하면 많은 뷰티 블로거가 바로 시연해 본다. 그 중에서 특히 립스틱과 파운데이션의 반응이 좋았다. 이 외에도 티몰에는 포니이펙트의 플래그십 스토어가 있다.

패션

여성 의류 데일리에 따르면 '장다이'의 웨이보 팔로워는 529만 명으로 최대 수입원인 의류 판매만으로 6,000만 달러를 넘어섰다. 장다이의 라이브커머스는 타오바오 라이브 신기록을 세웠다. 그녀의 팀은 페이스북과 인스타그램 계정을 가지고 해외로 진출할 계획이며 싱가포르, 일본, 한국 등의 시장도 검토 중이다.

식품

2019년도부터 화제로 떠오른 키워드가 바로 '먹방'이다. 웨이보 팔로워 100만 명이 넘는 '대위왕밀자군'은 중국에서 먹방으로 가장 유명한 BJ로, 불닭볶음면을 중국에 유행시킨 사람이다. 평범한 체구의 여자지만 앉은 자리에서 만두 200개, 샤오룽샤 20kg을 먹어 치웠다. 타오바오 식품쇼핑 공동목록이 4월 18일 발표한 '2019 타오바오 식품 라이브 스트리밍 동향 보고서'에 따르면, 라이브 푸드 스트리밍은 식품 구매자를 유치하기 위한 상인들의 새로운 무기로 최근 3년 연속 3배 성장률을 유지하고 있다.

퍼스널 브랜딩 전략 짜기

왕홍에 도전하기 전에 왕홍 경제의 특징을 이해하고 왕홍이 되기 위한 본인만의 퍼스널 브랜딩 전략을 세워야 한다. 왕홍 경제의 특징은 4가지로 나누어 이야기할 수 있다.

다원화

일반인도 왕홍이 될 수 있고, 직업이나 나이 제한도 없다. 대중매체가 단편화의 영향으로 정보 트렌드를 수용하면서 인터넷 센세이션은 그 장점에 따라 다양해졌다. 자유롭고 유연하게 온라인과 라이브 방송이 결합하게 된 것이다. 이에 누구든 본인의 특징을 살려 왕홍이 될 수 있다. 여러분 역시 왕홍이 될 수 있다.

영상화

중국에서 짧은 동영상의 역사는 사실 그리 오래되지 않았다. 스마트폰과 와이파이(Wifi) 시대인 4G가 도래한 지 2, 3년 만에 영상 플랫폼들이 활성화되었다. 와이파이가 확대되고 앱 다운로드 속도가 빨라지면서 휴대폰으로 동영상을 보는 것이 일상 습관이 됐다. 짧은 동영상 시대에 고품질 비디오 콘텐츠가 더 많은 사람에게 인정받을 것이라는 점은 부인할 수 없다. 이에 점점 더 인기 있는 UGC 제품들이 만들어지고, 파피장과 같은 콘텐츠 왕홍도 대거 등장했다. 왕홍이 되기 위해서는 본인의 콘텐츠를 기획하고 영상화할 줄 알아야 한다. 콘텐츠 기획과 촬영, 편집까지 할 줄 아는 만능 엔터테이너가 바로 왕홍이다.

전문화

짧은 동영상이 수많은 팬을 모으는 데 성공한 가장 근본적인 이유는 독창성과 창의력 때문이다. 파피장은 중앙희극학원 감독과 대학생이다. 그녀의 각 동영상은 엄밀히 기획하고 촬영하고 편집한 것으로, 사진 몇 장을 찍는 것처럼 간단하지 않았다. 동영상 시장이 성숙함에 따라, 왕훙 경제는 앞으로 점점 더 차별화될 것이고, 파피장처럼 수준 높은 오리지널 콘텐츠가 점점 더 필요해질 것이다. 본인의 전문 분야를 정했다면 꾸준한 콘텐츠 연구와 노력이 필요하다.

운영 다원화

웨이보라는 SNS 플랫폼에서 인기를 얻은 왕훙은 활동 플랫폼을 단 하나로만 국한하지 않는다. 위챗, 토티아오头条, 요쿠优酷, 그리고 비리비리, 지후知乎, 도반豆瓣에도 자신의 동영상을 올린다. 중국의 풀 플랫폼 채널 운영 다원화를 달성하기 위해서는 많은 시간과 노력이 필요하다. 그러나 여러 플랫폼에 콘텐츠를 올리는 것이 비즈니스 모델 트렌드가 되어 왕훙들은 이미 여러 채널을 동시에 운영하고 있다. 단일 미디어 플랫폼은 시청자들의 추천과 지지를 얻기 어렵기 때문에, 처음에는 개인이 활동하다가 MCN과 계약해서 본인의 콘텐츠를 발전시키는 왕훙도 많아졌다. 왕훙으로서 높은 인기를 누리고 있지만 꾸준히 콘텐츠의 질을 높이고 팬 영향력을 지속적으로 확대해야 하기에 개인에서 단체 운영으로 발전할 수밖에 없는 것이다. 왕훙이 되고자 한다면, 플랫폼 운영 다원화를 위한 계획을 세워야 한다.

　왕훙 경제의 특징을 이해했다면 본격적으로 자신의 콘셉트에 맞는 퍼스널 브랜딩 전략을 세워 보자. 퍼스널 브랜딩이란 사람들의 머릿속에 나라는 사람에 대한 이미지를 지속적으로 제시, 자신을 브랜드화하여 특정 분야에서 자신을 떠올릴 수 있도록 만드는 과정을 말한다. 한국인이 왕홍이 되고자 할 때 중국인들이 가장 기억하기 쉬운 키워드는 무엇일까? '중국어를 할 줄 아는 한국인' 혹은 '중국을 좋아하는 한국인'이지 않을까? 기본적으로 누군가에게 본인을 각인시키기 위해서는 남들과 다른 사소한 차별성을 찾아 부각시켜야 한다. 또한 내가 좋아하는 것과 상대방이 좋아하는 이미지를 함께 제시할 줄 알아야 한다. 다행이도 우린 이미 중국 왕홍들과 다른 한 가지 차별성을 가지고 있다. 바로 한국인이라는 것. 이 차별성과 더불어, 중국 소비자들이라면 누구나 좋아할 수밖에 없는 '중국을, 중국 문화를 사랑하는 한국인'이라는 콘셉트를 부각해 퍼스널 브랜딩을 한다면 내가 좋아하는 것들을 자연스럽게 좋아해 줄 것이다.

실제로 한국인이 중국 식품을 맛있게 먹고 재미있게 표현한다거나 중국을 옹호하는 콘텐츠를 올리면 영상 조회수가 높게 나오고 팔로워도 빠르게 증가한다. 왕홍이 된다고 결심한 첫 번째 이유가 단순히 돈을 많이 벌고 싶어서일 수 있다. 하지만 먼저 중국을 좋아하고, 중국 시장을 이해해야만 팬을 모을 수 있고, 팬들이 확보되어야만 다른 비즈니스가 창출되고 수익이 생긴다는 점을 명심하길 바란다. 왕홍 경제의 특징 4가지를 살펴봤다. 지금부터 퍼스널 브랜딩 전략을 구체적으로 짜 보자.

첫 번째로 중국에 맞는 퍼스널 브랜딩을 해야 한다.

중국의 14억 인구 중 나를 좋아하는 사람을 1%만 만들어도

140만 명이다. 통상적으로 한 개의 왕홍 플랫폼 채널에 100만 이상의 팔로워를 확보하면 왕홍 업계에서는 왕홍이 되기 위한 초입에 진입했다고 말한다. 한국이 좋아하는 인플루언서와 중국이 좋아하는 왕홍은 엄연히 다르다. 한국 인플루언서들의 인스타그램만 보아도 사진 찍는 콘셉트나 느껴지는 분위기가 중국의 유명 왕홍들과 사뭇 다른 것을 확인할 수 있다. 중국은 화려한 것을 좋아하고 일반 카메라보다는 뷰티 어플을 활용한 사진을 많이 찍는다면, 한국은 심플하고 화질 좋은 카메라로 찍은 사진을 더 좋아한다.

여러분이 왕홍이 되고자 한다면, 중국의 왕홍 플랫폼을 상시 관찰하면서 중국인들이 좋아하는 콘텐츠가 뭔지 연구해야 한다. 팔로워가 많은 왕홍의 플랫폼엔 분명 이유가 있으므로 그들의 계정에 들어가 콘텐츠를 비교분석할 필요가 있다. 중국은 56개 민족의 다양한 문화가 공존한다. 다소 어려울 수 있지만 중국을 이해하려 노력하는 모습을 담은 콘텐츠를 끊임없이 보여주며 중국 팬들에게 다가가는 것도 좋은 방법이다. 예로, 이제는 우리도 흔히 먹는 마라탕, 마라샹궈, 꿔바로우 등을 파는 음식점에 가서 중국을 좋아하는 모습을 표현하거나, 중국의 유명 왕홍들의 영상을 모방하거나 그들과 듀엣으로 촬영하여 중국 팬의 관심을 얻는 것도 하나의 방법이다.

특히 왕홍과 팬의 만남에서 가장 중요한 건 첫인상이므로 첫 소개 영상은 항상 미소를 짓고 밝은 모습을 보이려고 노력해야 한다. 인사를 잘하는 사람의 경우 중국 팔로워를 빨리 확보한다. 이 세상에서 가장 좋은 언어는 소비자가 사용하는 언어이기에 중국어를 할 줄 아는 한국 왕홍이 '니하오' 인사하고 항상 미소를 지으며 인사해 준다면, 중국 소비자들에게 본인의 이미지를 좋게 각인시킬 수 있을 것이다.

두 번째는 본인의 콘셉트에 맞는 상품군에 대한 콘텐츠를 생성해야 한다.

상품군은 본인이 평상시에 관심 있고 좋아하는 분야에서 선택해야 한다. 그래야 샤오홍슈의 일상 기록 또는 쇼트클립 동영상, 라이브 등을 통해 콘텐츠와 볼거리를 충분히 제공할 수 있고, 상품에 대한 진실성이 엿보여 팬들이 잘 확보된다. 왕홍은 브랜드 제품을 자신의 일상 생활에서 사용하고, 시시때때로 콘텐츠를 촬영하는 등 외적, 미적 요소를 투입해 제품의 장점을 내세워야 하므로 재미있고 지속적으로 할 수 있는 콘텐츠여야 한다. 팬들은 왕홍의 행동을 통해 왕홍의 성격과 브랜드를 함께 인식해 신뢰감을 가질 뿐만 아니라, 제품 구매에 대한 의사결정을 내린다. 자신에게서 콘텐츠를 찾기 어렵다면 자신이 자주 처하는 환경이라든가 주변에 있는 사람들을 통해서 콘텐츠를 생성하는 것도 방법이다. 예로, 본인은 화장품을 좋아하는 사람이다. 중국 SNS를 통해 본인이 화장품을 얼마나 좋아하는지 소개하고자 하는데, 어떻게 해야 할지 도저히 감이 오질 않는다. 그런데 본인의 직업이 화장품 연구소에 다니는 연구원이다. 그럼 직접 화면에 나와 화장품을 소개하는 것뿐만 아니라 연구소에서 같이 연구하는 가까운 사람들을 동원한다거나 연구소를 보여 줄 수 있다. 연구원들이 실험하는 장면을 넣는 등 내가 자주 접하는 사람들과 환경을 활용해서 꾸준한 콘텐츠를 생성할 수

크리에이터라면 알아야 하는 왕홍 이야기   **159**

있다.

세 번째는 본인의 플랫폼을 체계화하여 운영해야 한다.

유명 왕홍의 배경에는 여러 팀이 함께 움직이고 있다. 하지만 처음부터 왕홍에게 팀이 있는 것은 아니다. 1인 플랫폼을 직접 운영한다는 것은 쉬운 일이 아니다. 단순히 콘텐츠를 업로드하고, 라이브 방송을 진행하는 것이 아니라 콘텐츠를 업로드하기까지, 라이브 방송을 진행하기까지 준비해야 하는 일이 너무 많기 때문이다. 왕홍의 화려한 겉면만 보고 그들이 항상 편하고 즐거울 것이라고 생각한다면 오산이다. 그들이 왕홍이 되기까지 얼마나 많은 노력과 준비를 했는지 알아야 한다. 왕홍은 플랫폼 내 콘텐츠 기획부터 촬영, 편집 그리고 판매하려고 하는 제품 소싱부터 제품 디스플레이, 방송 기획, 진행, 코디, 분장까지 다 할 줄 알아야 한다. 게다가 브랜드사와의 합작 방식까지도 고려해야 한다.

가장 먼저 플랫폼 내 본인의 성격을 잘 드러낼 수 있는 문구로 자기소개를 작성하고 고정적인 라이브 방송 시간대를 표기하자. 이를 통해 브랜드사들은 고정된 시간에 왕홍의 라이브 방송에 들어가 브랜드와 콘셉트가 맞는지 확인할 수 있다. 추가로 플랫폼 내 배너와 톤앤매너, 썸네일, 자막, 스타일을 통일해서 업로드하면 좀 더 전문적인 느낌을 줄 수 있다. 브랜드사가 연락할 수 있는 이메일이나 위챗 ID를 작성해 두는 것은 필수다. 왕홍의 플랫폼 운영 시스템은 브랜드가 적합한 왕홍을 찾아 정확한 타깃팅을 할 수 있도록 도움을 준다.

네 번째는 라이브 방송을 해야 한다.

중국의 왕홍 플랫폼을 운영하는 것은 기본이고, 중국에서 가장 빠르게 팬을 확보할 수 있는 길은 라이브 방송을 하는 것이다. 그것이 커머스 방송이든, 콘텐츠 방송이든 라이브 방송을 통한 수익 전환이 가장 빠르다. 현재 한국인들이 여권으로 실명 인증해서 활동할 수 있는 중국 라이브 방송 플랫폼은 후야즈보가 유일하다. 중국은 이제 엔터테인먼트 성향의 라이브 방송 플랫폼마저도 다 전자상거래 기능이 탑재되어 물건 판매까지 연동된다. 어떤 플랫폼이든 결국 마지막은 라이브 방송이고 결과는 물건 판매인 것이다. 후야라는 플랫폼은 중국 최대 게임 라이브 방송으로 시작했는데, 현재는 다양한 콘텐츠로 라이브 방송이 진행된다.

최근 들어 중국어 구사가 가능한 한국인들을 많이 섭외하고 있고, 월 80시간을 채우면 테스트 방송을 통해 월 8,000위안에서 많게는 15,000위안까지 받을 수 있다. 즉 라이브 방송이 왕홍들에겐 하나의 직업인 것이다. 중국 라이브 방송을 할 수 있다는 것은 중국어 실력이 어느 정도 된다는 것이지만 중국어 실력이 다소 부족하더라도 기초 회화 정도만 가능하다면 도전해 보는 것이 좋다. 라이브 방송을 통해서 중국어 회화 실력이 상당히 좋아지기 때문이다. 나도 라이브 방송을 매일 3시간 이상 하던 왕홍 시절에 라이브 방송으로 중국어 공부를 상당히 많이 했다. 단 커머스 방송이라고 하면 이야기가 조금 달라진다. 콘텐츠 라이브를 통해 팬들과 소통할 때 필요한 중국어 실력이 중, 하라고 하면 물건을 판매할 때 필요로 하는 중국어 실력은 고급 이상이다. 일반적으로 중국에서 라이브 방송을 한다고 하면 콘텐츠 방송은 3시간에서 5시간, 커머스 방송은

4시간에서 8시간 진행한다. 이렇게 긴 시간을 모국어도 아닌 중국어를 사용해 소통하려면 중국어 어휘량과 구사력이 상당한 실력이어야 한다.

왕홍이 되고자 한다면 커머스보다 엔터 성향이 강한 라이브 방송을 통해 팬들과 소통하는 연습을 하고, 추후 커머스 방송으로 확장하는 것을 추천한다. 중국어 실력이 다소 부족한 사람은 중국 내 동영상 플랫폼 운영을 통해 먼저 팬을 확보하고, 중국어 공부를 병행하기를 추천한다. 라이브 방송에 임할 때 늘 상대방 입장에서 사고하는 자세, 태도를 가지고 있어야 많은 팬을 보유할 수 있다.

왕홍과의 합작은 브랜드사의 필수적인 선택이다. 많은 브랜드사가 중국 온라인 시장에서 빠른 시간 내 강한 전파력을 행사할 수가 없기 때문에, 비용을 지불하고 왕홍과 협력하여 볼륨을 높이는 방식을 택한다. 본인의 퍼스널 브랜딩 전략을 잘 세워 팬을 확보해 나간다면, 국내 브랜드사뿐만 아니라 중국, 해외 브랜드사와의 합작도 가능할 것이다. 통상적으로 브랜드사들이 왕홍을 선별할 때 가장 직별적인 방법은 팔로워 수와 조회수다. 하지만 중국은 무분별하게 가짜 팔로워와 가짜 조회수를 만들어 낸 왕홍들도 많다. 하지만 우리는 본인만의 콘텐츠로 퍼스널 브랜딩을 하여 실제 팔로워를 확보하기 위해 힘써야 한다. 여기서 팔로워 확보 목표의 가장 중요한 포인트는 왕홍 팔로워 수가 아닌 제품에 대한 해당 왕홍 팬의 선호도를 기준으로 삼아야 한다. 일상 생활에서 선호도는 종종 소비자의 각종 의사결정을 보조하는 역할을 한다. 예를 들어, 어떤 소비자는 '재고떨이', '특가'라는 지표를 선호해 제품을 바로 구매하기도 한다. 팬은 왕홍의 추종자라고 볼 수 있지만, 결국에는 소비자인 것이다.

왕홍이 되고자 하는 당신은 퍼스널 브랜딩에 힘쓰며, 본인이 판매하고자 하는 제품군에 대한 콘텐츠를 생성하고 해당 팬을 확보하려는 노력을 끊임없이 해야 한다. 또한 왕홍이 된다는 것은 사업을 하는 것과 같은 맥락이다. 먼저는 Relation Ship, 즉 관계를 잘 맺어야 하고, 그다음에 Friend Ship, 우정이 생기는 것이다. 그래야 사업이 되는 것처럼 왕홍도 팬들과의 관계를 잘 맺고 우정이 싹트면 수익을 극대화할 수 있다. 팬들과 만나기 전에 F.O.R.M 을 기억하자.

F.O.R.M

- F(Family): 고향이 어디인지, 지역에 대한 이해가 있어야 한다.
- O(Occupation): 내 직업은 왕홍이고, 소비자들의 직업은 무엇인지 파악해야 한다.
- R(Recreation): 팬들과의 소통을 이어 가려면 대화가 재밌어야 하기에 유머감각이 있는 사람이 되고자 노력해야 한다.
- M(Money): 돈을 벌어야 하기에 돈 이야기를 안 할 수 없다. 하지만 가장 마지막 단계이며 위 3가지에 대한 작업이 완료된 후에 가능하다.

02　Basic education: 예비 왕홍이 갖춰야 할 덕목

왕홍은 인간 관계 비즈니스다. 인간 관계의 핵심은 커뮤니케이션을 잘하는 것이다. 성공한 왕홍은 생각, 말, 행동하는 것이 다르다. 왕홍의 성공 여부는 어떤 성품, 어떤 성격을 가졌느냐에 따라 결정된다. 내가 생각하는 왕홍으로 성공하기 위한 가장 중요한 덕목은 바로 '꾸준함'이다. 한방에 왕홍이 되는 경우는 거의 없다. 왕홍이 되기까지의 과정이 짧든 길든 필요하고 선택과 집중을 해야 한다. 그 과정 속에서 왕홍은 늘 겸손해야 한다. 직업 특성상 Up&Down이 계속될 수밖에 없다는 것을 인정하고 감안하자. 실패가 없으면 성장도 없다. 실패는 일시적인 지연이지 패배가 아니다. 왕홍의 길이 순탄하기만 할 거라고 생각한다면 오산이다.

왕홍이 되려고 하는 사람은 항상 감사하는 마음이 필요하다. 마음으로부터 우러나오는 칭찬을 하고 아낌없이 표현하면서 왕홍의 길에 있는 사람, 왕홍이 되고자 하는 사람들과 어울려서 생활해야 한다. 겸손의 덕목이 없다면 주변 사람들이 시간이 흐를수록 하나, 둘 떠날 것이다. 또한 끈기와 인내하는 마음으로 나라는 사람에서 출발한 콘텐츠, 나만의 콘셉트를 차근차근 만들어야 하는데, 여기서 가장 중요한 포인트는 내가 나를 칭찬하는 연습을 많이 해야 한다는 것이다. 나 자신에 대한 칭찬을 통해 나라는 사람을 알게 되고, 누구보다 날 가장 진실되게 표현할 수 있기 때문이다. 근처에 늘 배울 수 있는 사람들을 두고 커뮤니케이션이 가능한 멘토를 찾는 것도 좋다. 더 나아가 앞으로 소개할 예비 왕홍이 갖춰야 할 덕목들을 미리 숙지하여 습관화해야 한다. 완전히 내재된다면 성공적인 왕홍이 될 수밖에 없는 환경이 이루어진다. 좋은 왕홍이 될 수밖에 없다. 왕홍은 진정한 나라는 사람에서 출발하여 감사하는 마음으로 왕홍의 덕목들을 마주하며 습관화할 때 자연히 영향력 0에서 100인 왕홍으로 성장한다.

마음가짐과 소통

앞에서도 언급했지만, 왕홍이 되고자 하는 당신은 '난 이 세상에 오직 하나뿐인 왕홍이다'라는 마음 자세로 자신감을 갖고 왕홍의 길에 들어서야 한다. 여기서 말하는 자신감은 좀 다르다. 자기 자신을 위대하다고 내적으로 느끼되 자신을 스스로 낮추고 양보할 수 있는, 즉 자존심을 버린 자신감을 말한다. 그래서 방송을 하기 전에 가장 먼저 다스려야 하는 것이 바로 본인의 마음이다. 방송 전에 난 항상 주문을 외웠다. "난 최고의 왕홍이다.", "난 잘할 수 있다."

모바일을 통해 사람들과 비대면으로 소통하다 보니 많이들 간과하는 것이 초심이다. 라이브 방송을 하는 사람의 자세는 초지일관 똑같아야 한다. 매번 같은 사람이 들어오는 경우도 있지만 중국 라이브 방송의 경우 4억 명이 넘는 사람들이 언제 어떻게 들어올지 알 수 없다. 항상 마인드컨트롤하며 밝은 표정을 지킨다는 게 쉬운 일은 아니다. 하지만 항상 새로운 사람을 맞이한다는 생각으로 미소를 지으며 라이브 방송에 임해야 한다. 더 나아가 왕홍은 누군가가 먼저 나에게 말을 걸어올 것이라는 생각을 버려야 한다. 항상 먼저 말을 건네며 라이브 방송에 들어오는 팬들에게 인사할 수 있어야 한다. 라이브 방송에 들어온 팬들과 소통할 때 대화가 끊기지 않는 가장 좋은 방법은 질문에 질문으로 답하는 것이다.

촬영 전 준비물

첫째, 예비 왕홍은 본인의 방송 환경을 잘 정리정돈 해야 한다. 중국의 경우, 본인의 방에서 라이브 방송을 하는 경우도 있고 회사 내 1인 방송실에서 하는 경우도 있다.

이때 가장 우선적으로 내가 판매하고자 하는 상품의 성격에 맞는 장소를 선택해야 한다. 외부 스튜디오를 사용할 경우 장소에 미리 도착해 상품이 더욱 돋보일 수 있도록 배경이나 매대 등을 확인하고, 상품의 상태를 살핀다.

둘째, 모바일로 진행하는 라이브 방송인 만큼 휴대폰 상태를 미리 점검해야 한다. 특히 배터리가 충분한지 확인하고 혹시 모르니 보조배터리를 준비한다. 또한 카메라 렌즈는 깨끗한지 확인하고 천이나 면봉으로 미리 닦아 두는 것이 좋다. 만약 혼자만 있는 공간이 아니라면, 주변 사람들의 휴대폰 알림도 미리 무음으로 설정하기를 당부해 라이브 방송에 지장이 없도록 한다.

셋째, 촬영에 적합한 거리를 생각해 미리 휴대폰 위치를 정하고, 셀카봉이나 마이크, 삼각대, 조명 등 라이브 방송에 필요한 장비들을 미리 세팅한다. 마이크를 사용하려면 마이크가 제대로 작동되는지, 목소리가 어느 정도인지 미리 확인한다.

넷째, 상품 정보를 다시 한번 숙지하고 리허설을 진행한다. 샘플의 상태를 꼼꼼히 점검해 보면서 불량은 없는지 확인하고, 상품의 주요 정보나 전문 용어는 방송 전에 한 번 더 완벽하게 숙지하는 것이 필요하다. 사전에 큐시트(상품기술서)를 작성해 공부하고, 신뢰를 높이기 위해 큐시트 내용을 모두 외워 라이브 방송에 임하는 것이 좋다.

다섯째, 단 한 번의 짧은 라이브 방송이라도 비주얼을 점검하고 새로운 팬들과 만나야 한다. 실제 외출해서 새로운 사람을 대면하는 일은 아니지만, 라이브 방송을 진행하는 동안 플랫폼을 통해 정말 다양한 사람을 많이 만난다. 내가 판매하고자 하는 상품에 따라 의상, 헤어 스타일, 메이크업을 준비해 팬들에게 호감과 신뢰감을 주어야 함을 명심하자. 예로, 식품을 판매하는데 짧은 미니스커트를 입고 화려한 귀걸이를 하고 머리를 나풀나풀 흩날리며 진행한다면, 위생이 그 무엇보다 중요한 식품 판매는 실패했다고 볼 수 있다.

촬영 전 준비해야 할 다섯 가지는 모두 습관화되어 있어야 한다. 하나 더 중요한 것은 라이브 방송 진행 전에 본인의 라이브에 대한 예고가 반드시 필요하다. 예로, 중국에서 친구들 모임에 가면 친구에게 공개 계정을 팔로우 하기 위해 QR 코드를 스캔하게 하거나, 혹은 친구들을 그룹채팅으로 끌어들이면 포인트나 쿠폰을 주는 것을 많이 경험할 수 있다. 어떤 사람은 아무 생각 없이 참여하는 이 행동이 개인에게는 구독 하나만 추가하는 거지만 누군가에게는 그 가치가 무한하다. 왕홍이 되고자 하는 우리도 중국 내 트래픽을 확보하기 위한 전략을 다양하게 추진해야 하며, 라이브 방송 전에 예열 작업을 해야 한다.

자기소개 페이지

"안녕하세요, 저는 중국 베이징대학교에서 석사 과정을 마친 한국인

란란입니다. 앞으로 저만의 피부 관리 비법을 여러분에게 소개하고 자 합니다." 내가 왕홍으로 활동했을 당시 처음 만들었던 소개 영상 이다. 난 여러 분야 중에서도 화장품에 관심이 많았고, 피부 관리에 유독 신경을 많이 썼다. 중국의 물이 워낙 좋지 않아 트러블이 올라올 때면 오이 마사지를 하고, 여름이 되어 쨍한 햇볕 아래 얼굴이 조금이 라도 탄 것 같으면 감자를 갈고 밀가루를 섞어 팩을 만들곤 했다.

중국에서 활동하고자 하는 왕홍의 활동명은 '두 글자'로 정할 것을 추천한다. 중국인들은 보통 애칭으로 본인의 이름에 한 글자 를 따서 두 번 부르는 경우가 많은데, 나 역시 내 이름 '이혜란'의 '란'을 따서 활동명을 '란란'으로 결정했다. 중국인들은 나를 '란란' 이라고 친근감 있게 부르며 기억하기 쉽다고 이야기해 주었다. 여 기에 가능하다면 유머감각 있는 사람이라는 표현을 더해 주는 문구 를 생각해 보면 더 좋다.

내돈내산, 왕홍 플랫폼 관리 및 운영

먼저 왕홍 플랫폼을 운영하기로 결정했다면, 당신은 카메라와 친해 져야 한다. 언제 어디서든 사진을 찍고 영상을 촬영하는 것이 습관 화 되어야 한다. 초반 영상 업로드 주기는 매일이 좋다. 여기서 주 의할 점이 있다. 초반에는 플랫폼을 팔로워하는 팬들이 적기에 내 가 올린 영상에 댓글이나 혹은 좋아요가 달리면 너무 좋은 나머지 바로 반응을 하기 마련이다. 하지만 팬들을 관리할 때도 나만의 관 리 철칙이 필요하다. 내가 왕홍으로 할동할 때 실은 팬들하고의 밀 당이 가장 어려웠지만 가장 재밌기도 했다. 나의 콘텐츠에 반응한 팬들에게는 너무 고맙지만 바로 반응을 하기 보단, 다음 올릴 영상이 준비되어 그 영상을 올렸을 때 전 영상의 댓글에 답글을 달았다. 이 경우 댓글의 답변을 확인하기 위해 들어온 팬들이 또 다시 업로드된 새로운 영상을 보게 할 수 있기 때문이다. 처음엔 팔로워가 많지 않기 때문에 단 한 명의 댓글도 소중하다. 그들을 잘 관리하는 것 또한 왕홍이 갖춰야 할 또 하나의 능력이다.

라이브 방송 진행을 하다 보면 중간 중간 댓글을 확인하기가 어렵다. 하지만 왕홍은 댓글을 꼼꼼하게 확인하고 성의 있게 답해야 한다. 때로는 너무 반응이 없어 댓글이 올라오지 않는 경우도 있으므로, 왕홍이 직접 질문하여 댓글을 유도하는 것도 좋은 방법이다. 라이브 방송에 너무 많은 사람이 들어와서 모두의 이름을 기억하기는 어렵지만 초반에는 들어오는 사람들의 이름을 다 불러 주는 것이 좋다. 자신의 이름을 듣는 것보다 더 기분 좋은 일은 없기 때문이다. 본인 방송에 들어온 팬들의 이름을 불러 주며 인사하면 그들도 댓글로 인사하며 소통할 수밖에 없다. 한 명, 한 명의 댓글이 라이브 방송의 현장감을 더욱 생생하게 해주고 재미를 유발한다.

단, 커머스 방송의 경우 댓글 소통에만 너무 치중하면 제품에 대한 설명이 부족할 수 있으므로 시간 분배를 잘 해서 제품 설명을 하다가 중요한 댓글만 읽어 주는 센스가 필요하다. 라이브 방송의 특징은 팬들과 자유롭게 실시간으로 소통할 수 있다는 점이지만, 커머스 방송에선 소통도 중요하지만 목표가 제품 셀링이라는 점을 잊어서는 안 된다. 또한 방송 중간에 들어오는 팬들을 위해 왕홍은 반복적으로 상품의 특징과 가격 이벤트를 말해 줘야 한다. 초

크리에이터라면 알아야 하는 왕홍 이야기 **169**

반에 확보된 팬들이 꾸준히 방송을 하게 하는 원동력이 되고, 나중에 엄청난 힘이 된다는 점을 명심하며 한 명, 한 명을 나의 찐팬으로 전환하는 노력을 끊임없이 해야 한다.

다음으로, 왕홍 플랫폼에 영상을 업로드할 때 썸네일을 마음대로 올려선 안 된다. 영상을 클릭할 수밖에 없게 만드는 얼굴이 바로 썸네일이기 때문이다. 또한 영상을 올릴 때 쓰는 글도 주의해야 하는데, 글에 따라서 해시태그를 달아 트래픽을 유도하는 경우도 있다. 이때 중국에서 트래픽을 주지 않는 해시태그를 잘못 사용하는 경우, 영상이 공개되지 않고 바로 삭제되기도 한다. 예를 들어, 정치적 이슈 관련 해시태그라든가 종교적 이슈에 관련된 해시태그는 사용하지 않는 것이 좋다.

콘텐츠 생성에 있어서도 내가 활동하고자 하는 플랫폼이 가로 화면인지, 세로 화면인지 체크한 다음에 영상을 제작해야 한다. 유튜브와 비슷한 비리비리를 제외하고는 중국의 쇼트클립 플랫폼이나 라이브 방송 플랫폼은 세로인 경우가 많다. 플랫폼에 업로드된 영상들은 반응이 뜨거운 콘텐츠도, 조회수가 낮고 인기가 없는 콘텐츠도 있다. 이러한 조회수와 댓글에 상처받으면 안 된다. 먼저는 본인의 콘텐츠를 플랫폼에 차곡차곡 쌓는다고 생각해야 한다. 나라는 사람을 더 잘 표현할 수 있는 콘텐츠를 연구하고 꾸준히 콘텐츠를 생성하는 것이 중요하다.

마지막으로 왕홍 플랫폼의 기본 규율을 준수해야 한다. 중국은 플랫폼마다 금지된 규율이 있는데, 특히 정부나 국가 관련해서 금지된 것들이 있으므로 더욱 조심해야 한다. 라이브 방송 시 음란물,

위법 행위, 명예훼손 관련 일이 발생하면 제재 조치에 들어간다. 특히 라이브 방송을 진행할 경우, 중국을 비하하는 언어를 쓰거나 복장의 수위가 너무 높으면 경고를 받을 수 있으므로 언행과 복장에 신경 써야 한다. 경고를 여러 번 받으면 방송 정지를 당해 활동을 못 하게 될 수도 있다. 기본적으로 숙지해야 하는 상식과 플랫폼 운영 정책은 미리 공부해 두자. 중국의 경우 정치, 종교 관련 어휘는 무조건 금지어다.

03 Live commerce: 중국은 라이브로 통한다

2016년도부터 시작한 중국의 라이브 방송은 2019년도 코로나19 이후 급속도로 성장해 다양한 산업 분야에 접목되며 2020년에 이미 라이브 시장 규모가 1조 위안을 돌파했다. 이제 중국은 라이브로 통한다고 해도 과언이 아니다. 라이브 방송에서 가장 중요한 것은 팬들과의 의사소통인데, 많은 사람이 왕훙을 하고자 할 때 가장 걱정하는 것이 본인들의 '중국어 실력'이다. 중국어 실력은 당연히 중요하다. 하지만 라이브커머스에서 더 중요한 것은 팬들과의 아이콘택트다.

많은 예비 왕훙이 라이브 방송을 모바일로 진행하니까 팬들이 나와 눈을 마주칠 수 없다 생각한다. 특히 혼자가 아닌 둘이 라이브 방송을 진행할 때 카메라에 시선을 집중하는 것이 아니라 실제 옆에 있는 사람에게 집중한 나머지 시선 처리를 잘 못 한다. 당신은 옆에 있는 사람에게 물건을 판매하려고 라이브 방송을 하는 것이 아니다. 모바일 안에 있는, 나를 시청하고 있는 팬들에게 물건을 팔아야 함을 명심하자. 커머스 왕홍은 시청자와 눈을 맞추며 상품을 소개해야 더욱더 신뢰를 줄 수 있으며, 멘트에 설득력이 실어진다. 중국에서 왕홍이 되고자 할 때 라이브 방송을 하지 않는다는 것은 있을 수 없는 일이다. 콘텐츠 왕홍이 되고자 해도, 커머스 왕홍이 되고자 해도 라이브 방송은 필수다. 그만큼 라이브 방송을 통한 팔로워 확보가 가장 빠르고 쉽기 때문이다. 라이브커머스 방송을 하기 전에 내가 진행하고자 하는 품목, 즉 카테고리를 정해서 그 분야의 전문 왕홍이 되기 위해 노력해야 한다.

[표 4-2]을 통해 확인할 수 있듯이, 작년까지만 해도 미용, 뷰티가 1위였지만 2021년에 들어서면서 중국 내 판매 상위 품목이 남녀 의류, 악세서리, 식품 순으로 바뀌었다. 코로나19이후 외출하거나 사람을 만나는 일이 적다 보니 화장품에 대한 수요가 줄었다.

라이브커머스 방송을 진행하는 시간 설정도 중요하다. 일반적으로 중국은 새벽 6시부터 라이브 방송을 진행하는 왕홍들이 많은데, 라이브커머스 방송의 경우 오후 3시 이후나 저녁 9시 이후가 시청자들이 가장 많다.

다른 품목은 상관없지만 식품이라고 하면 새벽에 라이브 방송을 하는 것도 좋은 방법이다. 밤에는 누구나 야식을 먹을까 말까 고민하기 때문이다. 타오바오에서 식품을 판매하는 왕홍의 경우, 각각 21-22시, 19-20시, 23-0시, 15-16시, 17-18시에 주로 방송을 하지만 새벽이 소비자들과의 소통이 가장 활발하기에 19시부터 새

순위	상품분류	총 판매액(억 위안)	평균단가(위안)
1	미용/뷰티케어	233.89	165
2	여성의류/여성제품	157.91	178
3	색조화장품/향수/미용기구류	59.97	79
4	간식/견과류/특산품	37.84	36
5	세안/위생용품	33.65	53
6	남성의류	24.71	181
7	패션(가방)	23.12	141
8	핸드폰	22.76	1,387
9	속옷/생활의류	20.1	73
10	커피 등 음료	20.09	74

표 4-2 2020년 6~12월 중국 라이브커머스 판매 상위 10위권 품목

벽까지 6시간 만으로 하루 전체 시청 시간의 58%를 차지한다.

품목을 정하자면 신선한 과일, 식이섬유, 페이스트리, 말린 고기, 해산물과 수산물, 즉석식품, 비스킷 뻥튀기, 설탕에 절인 과일, 견과류 등이 인기 있다. 과일 중에서는 두리안이 가장 인기 있는데, 중국인이 좋아하는 두리안은 생방송 시청자 수와 매출 면에서 항상 1위다. 오렌지, 망고, 체리 같은 열대야 과일도 방송에서 인기 있는 과일 5위 안에 들었다. 해산물도 많이 구매하는 품목 중 하나로 각종 새우, 어묵, 게, 해삼 등이 상위권에 속한다. 편리한 즉석식품도 인기가 많다. 타오바오에서는 식품을 판매하는 왕홍의 68%가 타오바오 상점 주인으로, 평균 연령은 35세, 절반가량이 3, 4급 이하 도시에 거주한다. 그럼 라이브커머스를 통해 물건을 판매하는 왕홍들

크리에이터라면 알아야 하는 왕홍 이야기　**173**

이 방송을 진행할 때 명심해야 할 3가지는 무엇일까? 여러분이 만약 중국 플랫폼에서 라이브 방송으로 물건을 판매한다고 하면 어떻게 해야 할까?

본인의 외모가 아닌 팔고자 하는 제품에 집중하자

중국의 유명한 왕홍들은 라이브커머스 방송을 진행할 때 본인의 외모에 집중하지 않는다. 단지 제품에만 집중할 뿐이다. 당연히 내가 팬들에게 어떻게 보일까 신경이 쓰일 수 있다. 하지만 물건을 판매하는 라이브커머스를 진행하는 왕홍이 되려면 제품에 더 열정을 쏟아야 한다. 왕홍이 본인의 외모가 아닌 제품에 집중할 때 팬들 역시 제품에 집중할 수 있게 된다. 그렇다고 해서 본인의 외모를 아예 신경 쓰지 말고 라이브커머스 방송을 진행하라는 말은 아니다. 왕홍의 단정한 옷차림과 멋진 외모는 당연히 고객들에게 신뢰와 호감을 줄 수 있다. 또한 방송 콘텐츠의 콘셉트에 맞게 전반적인 분위기와 외적 이미지를 맞추는 센스도 중요하다. 단, 여기서 포인트는 방송을 진행하는 동안에 본인이 카메라에 어떻게 비춰질까 고민하기보다 제품에 집중하라는 것이다.

제품에 대한 팬들의 선호도를 확인할 수 있는 2가지 지표가 있다. 바로 수요와 흥미의 정도다. 라이브 방송을 통한 실시간 소통 속에서 소비자들의 제품 구매에 대한 강한 욕구를 파악할 수 있어야 한다. 현재 필요하다고 느낄 수 있게 공감대를 형성하는 것이 바로 왕홍의 능력이다. 제품에 흥미를 느끼는 팬들은 보통 제품이 바로 필요한 것이 아니므로 제품을 인지하고 인식하는 과정이 필요하다.

이러한 유형의 팬들은 잠재적인 고객이므로, 충동구매로 이끌 가능성이 있다. 이에 제품에 관심을 갖게 하여 구매전환으로 유도한다.

팔고자 하는 제품을 잘 보여 주자

라이브커머스의 핵심은 '보여 주기(리액션)'다. 시연을 어떻게 하느냐에 따라 소비자가 사용해 보지 않았지만 직접 사용한 것과 같은 착시 효과로 공감대가 형성되어 판매까지 연계된다. 제품을 보여 줄 때도 보여 주는 요령이 필요하다. 예로, 팩트를 판매하고자 할 때 당장 팩트를 열어서 시연하여 발림성을 보여 주는 것이 아니라 제품을 소비자들이 잘 볼 수 있는 눈을 키워 줘야 한다. 먼저 브랜드 설명부터 시작해 곧 보여 줄 제품에 대한 호기심을 유발한다. 제품이 어떻게 출시되었는지 왜 만들게 되었는지를 설명하며 브랜드에 대한 신뢰도를 높인다. 제품을 보여 줄 때는 과장된 표현을 남발하기보다는 진실하게 상품을 판매하는 것이 중요한데, 보여 주는 순서도 밖에서부터 안으로 상품을 노출한다. 전체 브랜드 설명에서부터 제품 설명으로, 제품의 디자인도 외부에서 내부로, 구체적으로 설명하며 잘 보여 줘야 한다. 잘 보여 준다는 것은 잘 설명한다는 말과 같은데 전문 용어나 불필요한 외래어를 자제하고 쉬운 용어로 누구나 다 이해할 수 있게 말해야 한다. 단, 중요한 성분이나 기술은 반드시 숙지할 필요가 있다. 제품을 보여 줄 때도 밝고 친절한 모습을 유지하며 시청자들에게 좋은 이미지를 주는 것이 중요하다.

들어오는 소비자 단 한 사람을 공략하자

라이브커머스를 하다 보면 수많은 사람이 들어왔다 나갔다 한다. 들어오는 모든 사람을 다 고객으로 전환하기는 어렵겠지만 단한 사람이라도 내 고객으로 만들겠다는 다짐으로 라이브 방송을 해야 한다. 처음에 마음먹은 만큼 방송 텐션을 유지하기가 쉽지 않지만 시청자들이 방송에서 이탈하지 않도록 흥미를 끌 수 있는 방송을 하려고 노력해야 한다. 일반적으로 30~60초만 상대방이 나의 말에 귀 기울이게 할 수 있다면 일반적으로 라이브 방에서 나가지 않는다. 한 가지 팁을 주자면, 라이브 방송에 들어오는 소비자들의 이름을 불러 주면 나가려고 마음을 먹었다가도 잠시 라이브 방송에 머물게 되므로 한 사람, 한 사람을 공략하여 이름을 부르며 내 방에 머무르게 하는 전략도 나쁘지 않다. 라이브 방송의 핵심은 소비자를 얼마나 오래 내 방에 머물게 하느냐 하는 것이기 때문이다. 동시간대 접속자 수가 많은 만큼 구매전환율도 높아진다.

왕홍은 시청자 수가 많든 적든 늘 포커페이스를 유지하며 밝은 에너지를 팬들에게 줄 수 있어야 한다. 가끔 신인 왕홍의 라이브 방송에 들어가 보면 본인의 기분이 좋지 않다고 팬들에게 한풀이를 하다가 방송을 끄는 경우를 볼 수 있다. 내가 팬이라면 다시는 그 방송에 들어가고 싶지 않을 것이다. 라이브 방송으로 새로운 누군가를 만날 때 가장 중요한 것은 첫인상이다. 누가 어떻게 들어올지 모르는 라이브 방송에서는 항상 새로운 친구를 소개받는다는 기쁜 마음으로 방송에 임해야 한다. 라이브 방송을 자주 진행하다 보면 나와 자주 소통해 주는 팬들이 분명 있기 마련인데, 이왕이면 그 팬들의 이름을 기억하는 센스가 필요하다. 팬들이 나를 다시 보고 싶도록 방송 내내 밝은 표정을 유지하고 마인드 컨트롤을 잘 하다 보면 그 한 사람, 한 사람이 모여 나의 고정 팬이 되고, 내가 소개하는 제품이라면 믿고 구매하는 충성도 높은 소비자 팬이 될 것이다.

04 Follower: 진짜 팬을 확보하는 노하우 '소통'

왕홍들은 라이브 방송에서 진짜 팬을 확보하기 위해 끊임없는 소통을 한다. 하지만 말을 계속 이어 나간다는 것은 쉬운 일이 아니다. 여기서 놀라운 점은 중국의 라이브 방송 플랫폼이 이를 예측하고 여러 장치를 미리 해놓았다는 것이다. 그것이 바로 라이브 방송 시 팬들이 왕홍에게 줄 수 있는 '선물'이다. 중국의 다양한 커머스 플랫폼부터 소셜 플랫폼까지 중국의 모든 플랫폼은 라이브 방송이 가능하고, 팬들에게 선물받는 기능이 탑재되어 있다. 이는 바로 '소통의 여지'를 주기 위함이다. 한국에도 라이브 방송 플랫폼 하면 누구나 떠올리는 것이 바로 아프리카티비다. 내가 알기론 아프리카티비에선 선물이 단 한 가지, 별풍선으로 통용되는 것으로 안다. 중국은 아니다. 선물의 종류가 자동차부터 시작해 로켓, 가을 등 다양하게 있는데 선물을 활용해서 소비자들과 소통을 이어 갈 수 있다. 예로 '告白气球(고백풍선)'은 숫자 520이 '我爱你' 발음과 비슷해 '너를 사랑해'라고 고백할 때 주는 선물이다. 이는 5월 20일 날 가장 많이 받는 선물이기도 하다. 이렇게 중국의 라이브 방송 플랫폼은 선물 하나하

나에도 콘텐츠를 녹여서 기획했다. 그 선물을 유도하고 또 선물을 받음으로써 팬들과의 소통이 끊어지지 않고 계속 이어질 수 있다.

나도 중국 메이파이 플랫폼에서 라이브 방송을 진행할 때 팬들 한 명, 한 명과 소통하려고 무단히 애를 썼다. 보통 초반 멘트가 중요한데, 내 라이브 방송에 들어온 사람을 단 한 명도 놓치지 않겠다는 다짐으로 매번 오픈 멘트를 연구했다. 예로 "안녕하세요. 란란의 라이브 방에 오신 것을 환영합니다.", "오늘 제 방에 들어온 분들은 다 복권에 당첨되셨어요.", "제 방에 계속 있는 분들은 오늘 운수 대박, 나가는 분들은 뭔가 찜찜한 하루가 되실 거예요." 내 성격을 아주 잘 반영한 인사 멘트다. 중국 친구들은 이런 내 멘트를 듣고 재밌게 반응했다. 어떤 복권에 당첨되었냐고 묻는 팬들의 질문에 꼭 이렇게 대답해 줘야 한다. "나라는 복권에 당첨!! 하하…!! 방송하는 동안 저를 선물로 드립니다~ 마음껏 활용해 주세요~!" 그럼 중국 친구들은 어이가 없지만 내 밝은 성격을 좋아해 주었다.

그럼 여러분들도 라이브 시작 멘트를 만들어 보자.

중요 포인트는 사람이 들어오기 전까지 상황극 혹은 체험 공유를 통해 초반 텐션을 Up한다. 그리고 팔로우, 찜하기, 좋아요, 공유하기를 계속 유도하며 반복 언급한다. 중국 팬들의 이름을 보면 재밌는 것들이 참 많다. 한 명 한 명 내 라이브에 들어오는 사람들을 불러 주다 보면 '撒浪嘿欧巴'라는 아이디가 꼭 한 번은 보인다. '사랑해오빠'라는 이름인데, 이름만 보아도 한국을 좋아하는 중국 친구임을 알 수 있다. 본인의 라이브에 들어오는 팬들의 이름을 화제로 소통을 이어 나가는 것도 하나의 방법이다. '사랑해오빠'가 내 라이브 방송에 들어왔을 때 한국에서 '사랑해'라는 말이 어떤 뜻인지, '오빠'라는 호칭과 '형'이라는 호칭이 구별된다는 등 여러 정보를 팬들에게 전달하며, '사랑해오빠'라는 팬과 너욱더 유대감을 형성할 수 있다.

파레토의 법칙이라고 들어본 적이 있을 것이다. '80 대 20 법칙' 또는 '2 대 8 법칙'이라고도 하는데, 전체 결과의 80%가 전체 원인의 20%에서 일어나는 현상을 가리킨다. 예를 들어 나의 20% 팬이 라이브커머스 매출 80%을 올리는 현상이다. 이렇듯 우리는 고객층을 다양화하기보다 선택과 집중을 통해 내가 선택한 커머스 분야 콘텐츠에 맞는, 나만의 팬층을 확보해야 한다.

05 Strategy: 중국 소비자 심리를 꿰뚫는 큐시트 작성

중국인들에게 물건을 판매할 때는 그들의 속성을 파악해서 큐시트를 작성해야 한다. 한 가지 예를 살펴보자.

한 소비자가 고기 한 근을 사려 한다.
"A 가게는 고기 한 근에 얼마야?"
"1위안이다."
"B 가게에서는?"
"1.5위안이다."
"그런데 왜 B 가게에서 1.5위안짜리를 샀어?"

"B가 더 좋아 보여서."

　이게 바로 중국 소비자들의 속성이다. 단 한 가지 가격만 가지고 있을 때, 고객의 선택은 구매하냐 안 하냐이다. 가격이 두 개일 때, 고객의 선택은 좋은 것을 사는 것 또는 나쁜 것을 사는 것이 된다. 그리고 많은 고객이 일상 용품에서 좋은 것을 사려고 하는데, 이것은 눈에 띄게 왕홍들의 이익을 증가시킨다. 우리는 이런 중국 소비자들의 마음을 파악할 줄 알아야 한다. 또한 라이브 방송 진행 시, 라이브 시청자 수가 일정 수에 다다르면 추첨으로 선물을 준다고 하여 팬들이 친구들을 초청함으로써 요구하는 인원 수에 도달하게 할 수 있다. 이 역시 혹시나 내가 당첨된다면 하는 심리를 이용한 것이다. 이렇게 소비자 심리를 꿰뚫는 큐시트를 작성하는 것은 판매 전략의 가장 기본이다.

　또 다른 예를 살펴보자.

　김치가 중국에서 부리나케 팔린다는 이야기를 들어 본 적 있을 것이다. 예전에는 모두 가정용으로 500g, 1kg이 포장되어 나왔다. 그러나 젊은층 소비자가 많아짐에 따라 많은 양을 소비할 수 없는 그들을 위해 40g 같은 한끼 식사용이 나오기 시작했다. 전략을 바꾼 덕에 소비자층은 더 다양해졌으며 매출 또한 극대화되었다. 제품이 바뀐 건 아니다. 단지 소비자의 입장에서 생각해서 포장만 바꾼 것뿐인데 김치의 소비는 억 단위 RMB로 증가했다. 물건 판매는 역지사지, 소비자의 입장에서 생각해 보아야 한다. 중국 시장을 이해해야 하고 소비자의 심리를 알아야 한다. 현재 중국의 주력 소비자층은 90, 95허우后들이다. 그들은 제품 사용 평가, 후기 작성 등을 통해 온라인 콘텐츠를 끊임없이 생산하고 서로 공유한다. 왕홍들의 체험 후기에 대한 의존도가 높으며 그들을 신뢰한다. 온라인 콘텐츠에 민감하게 반응하는 데다, 재미있고 독창적이며 개인의 개성을 중시하는 소비 패턴을 보인다. 이런 중국 소비자들의 심리를 왕홍들의 체험 후기들을 통해 살펴보며, 나만의 큐시트를 작성해 보자.

유명한 왕홍을 보면 대부분 큐시트를 작성하는 데도 본인만의 요령이 존재하지만 기본적으로 포맷이 있다. 여전히 큐시트 작성이 어렵게 느껴진다면, 먼저 제품의 메인 타깃을 정해 고객의 특징과 니즈를 분석하고 니즈를 해결하는 멘트로 연습해 보는 것도 좋은 방법이다.

큐시트 작성 순서

- 오프닝: 오늘 판매할 상품의 타깃층을 겨냥한 자기만의 소개 멘트를 구사한다.
- 브랜드 소개: 한국에서 얼마나 인지도 있는 브랜드인지 중점으로 소개한다.
- 라이브 혜택: 오늘만, 지금 이 순간만, 이 구성, 이 혜택임을 강조한다.
- 나의 경험담: 내가 언제 사용하는지, 왜 좋아하는지 설명한다.
- 시연: 제품의 특징을 소개하면서 셀링 포인트를 정리해 준다.
- 성분, 기능, 안정성, 특허: 신뢰도를 줄 수 있는 제품의 객관적인 정보를 설명한다.
  예) 특허받은 성분으로 만든 이 제품은 임산부도 사용할 수 있어서 사용 못할 사람이 없어요. 임산부, 어린이, 민감성 피부 다 가능한, 너무나 깨끗한 성분이에요~!
- 구성과 가격을 마지막으로 한 번 더 강조한다.

큐시트를 작성한 후에는 위의 멘트를 한두 번이 아니라 적어도 100번 이상은 연습해야 한다. 나만의 큐시트 전략을 짜기 위한 노력이 한 번에 되는 것이 아니다. 실제로 라이브커머스를 진행해 봐야 모니터링을 통해 본인의 고쳐야 할 점들을 발견하게 된다. 기본적으로 한국 라이브커머스가 1, 2시간이라면 중국은 3, 4시간 동안 물건 판매를 진행하기에 이커머스 관련 방송용 중국어 어휘에 대한 공부를 틈틈이 하는 것도 중요하다. '한국 왕홍이 중국 왕홍처럼 실시간 라이브로 제품 소개를 할 수 있겠느냐?'라는 질문을 가끔 받는다. 한결같았던 나의 대답은 "Yes."이다. 한국 왕홍도 중국 왕홍 못지않게 3, 4시간 라이브 방송으로 제품 소개를 할 수 있다. 그 누구보다 한국 브랜드와 제품에 대한 이해도가 높은 한국 왕홍의 설명이 중국 소비자들에게는 더욱더 설득력이 있다. 이것이 지금까지 내가 5년 넘게 중국 라이브커머스를 한국 왕홍들, 중국 왕홍들과 함께 해오면서 몸소 체험하고 내린 결론이다. 물론, 가장 좋은 방법은 한국 왕홍과 중국 왕홍이 함께 방송하는 것이다.

06 Money: 왕홍이 돈 버는 법

언젠가부터 왕홍이 이커머스 시장에서 돈을 버는 주요 직업이 되었다. 인터넷의 급속한 발전으로 여러 분야의 왕홍이 등장했고, 왕홍을 중심으로 창출되는 사업 수익 모델도 다양해지고 있다. 최근 유튜브, 틱톡, 중국으로 말하면 웨이보, 틱톡과 같은 주요 플랫폼에서 급속히 늘어난 쇼트클립 영상들은 왕홍들의 주요 콘텐츠 도구로 부상했다. 게시물이나 영상 속에 제품 소개 광고를 끼워 넣거나 하이퍼링크를 거는 방식으로 브랜드 광고를 대행하고 광고 수익을 얻는다. 단순히 라이브 방송으로 인한 물건 판매로만 수익을 얻는 것이 아니라 브랜드 광고 수익까지 얻고 있는 것이다. 최근 트렌드는 라이브 방송으로 물건을 판매하기 전에 쇼트클립 영상을 활용해 사전 마케팅을 하고, 라이브 방송 당일의 판매를 더 극대화한다.

왕홍의 수익은 크게 광고, 전자상거래, 생방송 선물 이렇게 3가지로 나누어진다. 광고는 왕홍들의 수익 중에 가장 기본적인 수입이다. 동영상에 광고해야 할 상품 내용을 넣어 홍보하거나, 라이브 방송을 진행할 때 광고사의 내용을 소개하거나 보여 줄 수 있다. 가끔 오프라인 이벤트나 브랜드 런칭, 홍보 행사 등에 참여해 출장비를 받고 광고를 촬영하는 경우도 있다. 왕홍의 팬 수에 따라 광고비가 다르게 측정된다. 일반적으로 100만 이상의 팔로워를 확보한 KOL 왕홍이라면 영상 1개를 촬영하는 데 1,000만 원 이상의 광고비를 받는다.

전자상거래는 말 그대로 본인이 상점을 오픈하여 원하는 제품을 올려 놓고 물건을 판매하는 방식이다. 중국에서 전자상거래 수익은 단순히 상점을 통한 매출만이 아니라, 상점 내에 판매하는 제품을 커머스라이브를 통해 판매 수익을 냄으로써 판매 수수료도 지급받는다. 판매 수수료는 20~40%까지로, 유명한 왕홍은 판매 수수료를 쉐어하는 것을 기본으로 개런티 비용을 책정한다. KOL급 왕훙인 웨이야나 리자치 같은 경우, 판매 제품 1개(브랜드 1개 품목)당 5~30만 위안(약 1,000~5,000만 원), 수수료 20~30%는 기본이다. 일반적으로 해외 뷰티 브랜드의 경우 합작 비용이 더 비싸다. 웨이야의 경우에도 브랜드사 1품목당 150,000위안이니 한화로 3,000만 원 가까이 된다. KOC급 왕훙의 경우 라이브 시간당 인건비가 측정되는데 적게는 한화 몇만 원부터 많게는 1,000만 원까지 KOL급 왕훙보다는 비교적 저렴하다. 우리가 주목해야 할 시장은 KOL보다 KOC 시장이다.

생방송 선물 수익의 경우, 본인의 콘텐츠로 소통 라이브 방송을 하는 왕훙들이 주로 얻는 수익인데, 중국에서 많이 진행하는 라이브 방송 플랫폼은 후야, 도위 등이 있다. 라이브 방송에 들어온 팬들이 자유의지에 따라 선물을 보내는데, 수입이 불규칙적이고 안정적이지 않다. 선물 금액은 한화 몇백원부터 많게는 100만 원까지 있다. 왕훙의 활약에 따라 수익은 천차만별이다. 매일매일의 컨디션에 따라 라이브커머스 매출 규모가 달라지고 팬의 선물도 다르기에 왕훙의 월수입은 변화와 기복이 크다. 또한 왕훙마다 수입의 빈부 차도 심한 편이다.

여러분이 중국어가 가능한 예비 왕훙이라면 당장 라이브 방송을 통해 수익을 창출할 수 있지만, 그렇지 않다면 SNS 플랫폼 운영을 통해 먼저 팬을 확보한 후에 광고를 받아 수익을 창출해야 한다. 그럼 적어도 최소 3개월에서 6개월의 시간 투자가 필요하다. 무언가를 하고자 마음먹었을 때 3개월도 투자하지 않고 뭔가를 바란다는 건 욕심이다. 3개월 동안 본인이 확보하고자 하는 목표 팬 수를 정해 놓고 콘텐츠를 쌓아 가다 보면 그 콘텐츠를 보고 브랜드사들이 컨택해 올 것이다. 가장 빠르게 수익화할 수 있는 플랫폼은 1위 타오바오, 2위 샤오홍슈, 3위 틱톡 이렇게 꼽을 수 있겠다. 현재 한국인 신분으로 활동하는 왕홍만 보더라도 라이브 방송을 통해 얻는 월 고정 수입 200만 원에 선물 수익쉐어 40%로, 매달 선물 수익은 변동이 있지만 라이브 방송 시 기본적으로 플랫폼에서 지원해 주는 30만 유저 보장 트래픽으로 광고가 들어오는 경우가 많아 평균적으로 월 2,000만 원 정도의 수익을 보장받는다. 또한 한국에서 중국으로 라이브 방송 송출이 가능하다는 이유만으로 각종 오프라인 행사나 라이브커머스 게스트 출연 등의 제의가 들어와 이로 인한 추가적인 수익도 있다. 현재 코로나19의 영향으로 중국의 왕홍이 한국으로 올 수 없는 상황이기에 한국에 거주하는 왕홍의 몸값은 점점 더 올라가는 추세다. 지금이 왕홍으로 돈 벌기 가장 좋은 시기인 것이다.

07 Anding story: 끝나지 않은 왕홍 이야기

왕홍은 단순히 동영상 플랫폼에 콘텐츠를 생성하거나 라이브 방송을 일회성으로 진행하는 사람이 아니다. 왕홍이 된다는 것은 만능 탤런트가 되는 것이다. 브랜드사의 마케팅 목적을 달성하기 위해 특정 상품과 서비스를 전문적으로 기획할 줄 알아야 하고, 중국 온라인 시장 분석부터 사업 전반에 대한 전략을 바탕으로 상품 기획, 생산, 유통까지 전 분야를 컨트롤할 수 있어야 한다. 방송이 끝나면 발주서를 작성하고 내가 판매한 상품에 대한 배송까지 확인해야 한다. 배송 후에도 중국 소비자가 잘 받아 보았는지 체크해야 하며, 본인 방송을 모니터링하여 고쳐야 할 점들을 파악해야 한다. 이렇게 숨은 노력이 필요한 과정들은 어쩌면 그 누구도 알아주지 않을 시간의 연속이라고 할 수도 있겠다. 1인이 생산, 제작, 판매, 영업, 계약 등을 실행해야 하는 운영 체제의 단점 때문에 참신성을 지속하기 어렵기에 왕홍이 되어 가는 과정을 즐길 수 있는 여유와 끈기가 필요하다. 지금에서야 내가 나의 왕홍 스토리와 노하우를 내놓을 수 있듯이 여러분도 여러분만의 왕홍 스토리를 만드는 과정을 즐기며 어려운 난관을 잘 통과하리라 믿는다. 저자가 너무 직설적이어서 당혹스럽다고 느끼는 예비 왕홍들이 있을 것이라 생각된다. 하지만 너무 낙담하지는 말았으면 좋겠다. 나도 했으면 여러분도 할 수 있다. 중국이라는 나라에 도전장을 던지고 싶다면, 먼저 중국을 사랑하는 마음을 갖고 차근차근 중국인들과 친구가 되자.

여러분이 왕홍이 되고 나면 아마 2가지에 대해 고민하게 될 것이다.

첫 번째, 이미 본인의 카테고리가 있는 왕홍이라면 카테고리를 확장하는 것이 좋은 선택인가?

많은 예비 왕홍이 처음에 상품 카테고리를 정할 때 깊은 고민에 빠진다. 하지만 탑급 왕홍들은 결국 팔로워가 많아지면 다양한 카테고리를 취급한다. 이에 첫 번째 질문에 대한 답은 '그렇다'이다. 카테고리 확장은 모든 왕홍에게 좋은 선택이지만 그 효과는 플랫폼과 팬들과의 관계에 따라 다르다. 단일 카테고리에 의한 가이드 액수는 여전히 제한적이기 때문에 카테고리 확장은 왕홍의 적절한 선택이다. 탑급 왕홍들과 팬들 사이의 관계는 조금 복잡하기에 '순수 유입량 효과로 들어온 팬 관계', '구매 유도 관계', '친구 관계' 등 구분이 필요하다. 일반적으로 '순수 유입량 효과로 들어온 팬 관계'와 '친구 관계'는 범주에 대한 요구 사항이 없지만, '구매 유도 관계'는 왕홍에게 관련 분야의 전문 지식을 요구한다. 실은 어떤 플랫폼에서 활동하는지가 팬과 왕홍의 관계를 어느 정도 결정한다. 콰이쇼우처럼 커뮤니티 속성에 더 많은 관심을 기울이는 플랫폼이 구매 유도 관계 범주를 넘는 것이 쉬워졌다. 이에 많은 왕홍이 단순 라이브커머스를 넘어 틱톡이나 샤오홍슈, 콰이쇼우 같은 쇼트클립 동영상 플랫폼에 본인들의 콘텐츠를 공유함으로써 팬들과의 관계를 돈독히 하고 더 많은 트래픽을 확보하고자 하는 것이다. 이제 라이브커머스 하나만으로 많은 트래픽을 확보하고, 구매를 유도하기란 쉽지 않다.

두 번째, 개인 브랜드를 만드는 것이 과연 좋은 선택인가?

이 질문에 대한 답 역시 '그렇다'이다. 플랫폼과 카테고리는 일정한 관계가 있다. 공급 측면에서 볼 때, 개인 브랜드는 더 높은 수익을 의미한다. 최근 리자치도 자신의 브랜드를 만들 거라고 말했고, 웨이야는 많은 디자이너 브랜드와 콜라보로 제작한 제품들을 판매하고 있다. 수요 측면에서 보면 카테고리는 의류, 기타 기술 난이도가 낮은 제품이 개인 브랜드에 적합하다. 단, 팔로워 확보가 어느 정도 된 다음의 이야기다.

중국의 경우, 2020년 중국취업교육기술제도센터는 중화인민공화국인력자원과사회보장부로부터 지원을 받아 신 직업 발표에 대한 〈신규 직업 내용 선포에 관한 선언〉을 공고했다. 바로 기존 '온라인마케터' 직업군 내 '라이브 방송 판매자' 업종 증설이다.

온라인 마케터 직업군 내 라이브 방송 판매자 업종이 증설되면서 왕홍이 새로운 직업으로 인정받게 된 것이다. 지금 중국은 전 국민이 너도나도 왕홍이 되겠다고 도전장을 내밀고 있다. 우리나라에 초등학생들이 유튜버를 꿈꾸는 것처럼 중국은 왕홍이 미래의 꿈인 젊은 세대가 많다. 지금까지의 내용을 정리해 보면, 라이브커머스 방송의 사전 준비와 팬들과의 의사소통 능력, 중국어 능력, 판매 책략, 팔로워 수에 따른 판매 매출의 영향력이 왕홍의 능력으로 평가된다고 할 수 있겠다. 그럼 왕홍이 되기 위해 예비 왕홍이 갖춰야 할 능력을 어떻게 평가할 수 있을까? 실은 이 부분 때문에 지난 5년간 나 역시 많은 고민을 했다. 왕홍 아카데미를 통해 수료한 학생들을 어떻게 평가할 것인가에 대하여 많은 연구를 한 결과, 다음 8가지 능력에 대한 능력 평가가 필요하다는 결론을 내렸다.

콘텐츠 기획 능력

소셜 미디어 시장 동향 분석과 채널 분석을 통해 주 시청자층의 수요를 파악해 채널 운영 의도에 적합한 콘텐츠를 기획할 수 있는 능력이다.

소셜 미디어 라이브 운영 능력

다양한 온라인 소셜 플랫폼 환경에 맞게 제작, 송출 장비를 활용해 실시간 방송을 수행하는 능력이다.

소셜 미디어 채널 운영 능력

콘텐츠를 서비스하기 위해 채널 특성에 부합하는 디자인을 기획하고 적용하여 동영상을 업로드하고 관리하는 능력이다.

소셜 미디어 콘텐츠 분석 능력

소셜 웹상에 있는 콘텐츠 시장 동향을 분석하고, 콘텐츠 제작에 필요한 통계 자료를 수집, 분석도구를 활용하여 분석 결과물을 만드는 능력이다.

소셜 미디어 마케팅 능력

소셜 미디어 채널과 시장 분석을 통해서 채널 상품의 효과적인 유통으로 지속적인 생산과 수익을 창출하는 능력이다.

소셜 미디어 시스템 기획 능력

구축 요구 사항, 환경 요소를 분석하고 이를 기반으로 구축 범위, 소요 예산, 소요 일정 등 구축 계획을 수립하는 능력이다.

소셜 미디어 윤리 준수 능력

온라인 플랫폼에 콘텐츠를 서비스하기 위해 필요한 중국 온라인 플랫폼별 윤리 규정을 준수하는 능력이다.

소셜 미디어 시스템 운용 능력
온라인 플랫폼에 서비스하기 위해 콘텐츠를 관리, 저장, 등록하는
등 시스템을 운용할 수 있는 능력이다.

여러분은 중국 소비자들에게 영향력을 행사할 수 있는, 그들
에게 잘 소비되는 콘텐츠를 만들어 국내 많은 브랜드사가 중국 온
라인 시장에 진입할 수 있도록 교량 역할을 해야 한다. 본인의 콘셉
트에 맞는 전문적인 콘텐츠를 제작해 충성도 높은 팔로워를 보유한
왕홍이 되어야만 많은 브랜드사와 합작할 수 있고, 더 나아가 본인
브랜드까지 런칭할 수 있다. 지금까지는 크리에이터인 당신이 왕홍
이 되기 위해서 꼭 알았으면 하는 이야기를 전했다면, 마지막 장인
5장에서는 앞으로 이어질 미래의 왕홍 이야기를 나누어 보도록 하
겠다.

제 5 장
앞으로 이어질 왕홍 이야기

너는 내게 부르짖으라
내가 네게 응답하겠고 네가 알지 못하는 크고 비밀한 일을 네게 보이리라
-예레미아 33:3

01 왕홍의 가치, 계속 상승할 것인가?

최근 몇 년 동안 왕홍 경제는 급속도로 발전했다. 인터넷의 지속적인 발달로 콘텐츠는 트래픽 싸움에서 점점 더 중요한 역할을 하고 있다. 오늘날 전통 미디어의 위상과 콘텐츠 생산량에 많은 영향을 주는 것이 바로 왕홍이다. 왕홍이 발전하면 발전할수록 전통적인 스타들을 대체할 것이다. 왕홍은 인터넷을 기반으로 콘텐츠를 능동적으로 혹은 수동적으로 생산해 내면서 인터넷에 자신만의 팬덤을 구축한다. 그러나 사실 왕홍은 사람이 아니라 동물, 식물, 건물 등도 될 수 있다.

앞으로 우리는 왕홍이라는 직업에 대한 범위를 확대해야 한다. 또한 그 특징과 이슈를 어떻게 활용해 판매를 확대시킬 것인가 고민해야 한다.

결론을 먼저 이야기하자면, 왕홍의 경제적 가치는 계속 상승할 것이다.

왕홍의 가치 상승 단계 요인

- 다수 팬에게 제품 정보 전달
- 팬을 유도하여 제품과 연결
- 팬들은 왕홍을 모방하고 제품 구매
- 왕홍이 팬들에게 제품 가치를 유도
- 제품의 신용 가치 상승

왕훙은 일반인이므로 다양한 특성을 지닌 대중의 심리를 정확히 파악할 수 있어 대중에게 인정받기 쉽다. 하지만 이런 특징이 있어도 왕훙은 오래가기 힘들다는 이야기가 나온다. 대중의 시선, 취미, 관심사는 쉽게 변하기 때문에, 사람들의 즉각적인 수요에 맞추기 위해 따라가다가 그 유행이 오래가지 못하면 같이 인기가 식는다. 따라서 왕훙은 오랜 시간 꾸준히 공부해 문화적 소양을 높이고 콘텐츠 만족도를 높여 팬을 유지할 수 있도록 장기적인 안목으로 콘텐츠를 생성할 필요가 있다. 한 가지 주제로 영상 콘텐츠를 계속 생산해 내기는 어렵기에 혼자가 힘들다면 팀을 꾸려 기획성, 제작력을 갖출 필요가 있다. 왕훙에게 갈수록 높은 전문성을 요구하면서 많은 기업이 유형별로 왕훙의 수명 주기를 검증하고 있다. 부인할 수 없이 인터넷의 발달로 영향력 있는 왕훙이 많이 나왔다. 초기 라이브 방송 홍보 왕훙부터 최근 유행하는 동영상 및 라이브커머스 왕훙까지 인터넷 경제에 왕훙은 새로운 직업으로 자리 잡으며 최근 몇 년 동안 큰 성장 가능성을 보여 주고 있다. 이제 왕훙은 코믹한 행동, 셀카로 단순히 사람들의 관심을 끌기 위한 것이 아니라, 큰 가치를 발산할 수 있는 새로운 경제 요소로 자리매김했다.

중국은 오랫동안 큰 경제 압력에 직면해 있을 때 왕훙 경제로 대표되는 많은 인터넷 산업을 통해 새로운 활력과 힘을 불어넣었다. 왕훙 전자상거래, 커머스 왕훙 방송, 기타 왕훙 산업이 중국에 새로운 경제 성장 포인트를 가져다준 것이다. 1인 왕훙들이 투자받는 일들이 잦아지고 뉴스화되면서 왕훙의 경제적 가치가 일반인들에게 각인되었다. 앞으로 왕훙의 가치는 더 커질 것이나, 왕훙 경제가 지속적으로 발전을 이루려면 끊임없이 업그레이드되며 돌파구를 찾아야 한다. 왕홍 경제는 계속 변하고 있고 지속 가능한 경제 모델이 되어야 한다. 왕홍의 지속가능성 역시 다른 왕홍들과 차별화되는 좀 더 전문성 있는 콘텐츠가 승패를 결정할 것이다. 한국 왕홍의 지속가능성 역시 한국 기업을 대표하는, 한국 브랜드에 신뢰를 더 해 줄 수 있도록 좀 더 전문성 있는 콘텐츠를 생산할 수 있다면, 한국과 중국, 더 나아가 글로벌 국가들과 중국을 연결하는 핵심 역할을 할 수 있을 것이다.

02 글로벌 국가들이 바라보는 중국 왕홍 경제

많은 글로벌 국가가 글로벌 경제가 어떻게 발전할지에 대해 많은 관심을 갖고 있다. 그중에서도 왕홍 경제는 젊은이들의 관심을 한 몸에 받고 있으며 현재의 경제 발전에 무시할 수 없는 힘을 갖고 있다는 것을 모두 안다.

최근 몇 년간 온라인 기술의 발전에 따라 뉴미디어 마케팅이 전통 미디어를 대체하고 있으며, 대부분 '개인 매체'의 형태로 이루어지고 있다. 이에 따라 왕홍 경제가 빠르게 발전하고 있고, 향후에도 지속적으로 영향력은 확대될 것이다. 왕홍 경제에는 우선 그 누구도 피할 수 없는 엄청난 트래픽이 있다. 중국은 온라인 비즈니스와 인터넷 애플리케이션에서 세계를 선도하고 있으며, 세계는 중국 왕홍 경제의 미래에 매우 긍정적이다.

중국 네티즌이 8억 명이 넘는 데다, 놀라운 왕홍의 판매 능력까지 많은 나라에서 왕홍 경제를 부러워하고 있다. 이런 여파로 일부 외국인들은 왕홍 사업을 시작하기 위해 중국에 몰려들고 있다. 독일 자유대학의 네트워크 경제학자 트로이카 브로이어는 글로벌 타임스에 "중국은 네트워크 인프라가 좋고 인터넷 속도가 빠르며, 대형 전자상거래 플랫폼과 수많은 소셜 미디어 플랫폼을 포함한 온라인 마케팅의 성숙된 시장이다."라고 말했다. BBC 웹사이트는 중국 내 왕홍 경제의 전문화에 관한 기사를 게재하고, 중국 소셜 미디어 마케팅 전문가 로렌 할라난Lauren Hallanan의 말을 인용해 "현재 중국 내 모델은 서구의 미래 트렌드가 될 수 있으며, 고도로 상업화된 인재 선발은 왕홍의 성숙도를 반영하고 있다."라고 전했다. 《소셜 미디어 엔터테이먼트Social Media Entertainment: The New Intersection of Hollywood and Silicon Valley》를 쓴 미국 학자 데이비드 크레이그는David Craig "중국인들이 전자상거래와 소셜 플랫폼을 통합하면 중국 인터넷 왕홍 산업이 영국, 미국보다 낫다고 생각한다."라고 말했다. 독일 뉴스TV는 "중국 젊은이들 중 절반은 왕홍이 되고 싶어 한다."라고 보도했다. 그 이유는 중국의 인터넷 경제가 다른 어느 곳보다 빠르게 성장하고 있고, 새로운 것을 좋아하는 중국인 특성상 빠르게 받아들이고 발전시키기 때문이다. 독일의 omr 경제 사이트는 최근 발표한 기사에서 다음과 같이 말했다. "중국의 미친 왕홍 경제! 중국은 현재 미국, 브라질, 인도네시아의 총인구보다 더 많은 인터넷 사용자를 보유하고 있다. 이는 중국을 세계 최대 소셜 미디어 시장으로 만들었고 중국과 관련된 왕홍 산업은 폭발적으로 성장하고 있다." 미국 비즈니스 잡지 포브스는 중국 생방송 산업의 작동 방식을 상세히 소개하면서 중국 인터넷의 왕훙 경제가 발전하는 원인을 분석했는데 이 기사에서 "중국 내 전자상거래 활동의 약 95%를 스마트폰이 차지하고 있다."라고 전했다.

왕훙과 전자상거래의 성공적인 결합으로 라이브커머스 시장을 형성했고, 많은 소비자와 브랜드는 라이브 방송이 가져오는 실시간 경험과 생동감 있는 현실감 때문에 주로 시청한다. TV 프로그램이 지루하고 대부분의 광고가 대본으로 짜인 중국에서 라이브커머스는 제품에 대한 피드백을 실시간으로 볼 수 있게 해주면서 시청자들의 인기를 끌었다. 틱톡, 콰이쇼우 등 동영상 사이트들의 인기가 높아지면서 일본인들 역시 중국 왕훙 경제에 관심을 갖기 시작했다. 웹 왕훙의 높은 조회수는 높은 수입을 의미한다. 인터넷 이용자가 많은 중국에서는 1,000만 이상 조회수를 기록하면 많은 업체가 광고를 게재한다. 왕훙의 연간 수입 100만 위안은 더는 꿈이 아니다. 푸드 영상 왕훙 리즈치, 소셜 네트워크 여성 가수 콘텐츠 왕훙 펑티모는 일본의 젊은이들 사이에서 매우 인기가 있으며, 일부는 리즈치의 생활 방식을 좋아하고 일부는 펑티모의 순수한 이미지를 좋아한다. 일본에서 인기 있는 왕훙 스타일은 중국과 비슷한데, 많은 중국인은 일본의 와타나베 나오키를 일본의 파피장으로 생각한다. 와타나베 나오키는 일반 왕훙에서 인기 스타가 되었고, 주류 연예 TV 프로그램 그룹의 초청을 자주 받았으며, 그녀의 연간 수입은 약 300만 위안인 것으로 보도되었다.

왕훙 경제의 상승세가 순조로워 보이지만, 왕훙 경제는 사실 3

가지 기본 요소에 부합해야 한다. 인터넷 전파의 법칙을 준수하고, 네트워크 문화에 부응하고, 개성의 잠재력을 갖추고, 이것을 소셜 마케팅의 핵심으로 삼아야 성공적으로 꽃길을 걸을 수 있다.

업계에서는 왕홍들의 잠재적으로 높은 수익률이 침체 이후 또 다른 교차점을 찾으려는 새로운 시도가 나타나고 있다. 특히 짧은 쇼트클립 비디오는 왕홍이 현금화하는 중요한 채널이 되었다. 이런 배경으로 많은 회사가 왕홍 산업을 적극적으로 지지하고 있다. 한국 최대 왕홍 경제 회사인 Treasure Hunte의 송재룽 대표는 100명에 가까운 영상 왕홍을 계약했다고 밝혔다. 왕홍을 위한 플랫폼을 제공하는 것 외에도, 잠재적인 왕홍들도 자본 투입 대상자로 선정될 것이다. 송재룽 대표는 "돈으로 이 콘텐츠 제작자들은 더 많은 놀이를 할 수 있는 공간을 갖게 되었고 플랫폼은 이들을 지원할 팀과 기술을 제공한다."라고 말했다. 현재 왕홍 경제의 자본은 2가지 주요 투자 방향을 가지고 있다. 하나는 왕홍 개인에게 투자하는 것인데, 이는 왕홍 개인의 급속한 발전에 따른 것이지만 그 위험성이 매우 크다. 다른 하나는 기존 자본보다 선호되는 투자 채널인 플랫폼에 투자하는 것인데, 왕홍이 많이 생겨나고 있어 가능성이 더 많기 때문이다.

왕홍 경제의 지속적인 성장에도 불구하고, 일부 보수적인 입장을 취하는 전문가도 있다. 그들은 왕홍이 수익을 추구하는 과정에서 양질의 콘텐츠를 제작하는지, 제작자의 자질에 대한 평가도 냉정하게 다룰 필요가 있다고 말한다. 왕홍 경제의 시장 규모는 수천억 위안에 이른다. 향후 몇 년 안에 자본 대기업들의 지속적인 유입으로 이 산업은 폭발적인 성장을 이룰 것이다. 업계가 지속적으로 발전함에 따라 서로 다른 영향력을 가진 왕훙이 각기 다른 레벨로 나뉘어 자신의 사업 모델을 생산하고 안정된 구조를 형성하게 될 것이다. 왕훙 경제의 전반적인 산업은 매우 크고, 왕훙 전자상거래, 게임 방송, 영상 제작 및 기타 관련 산업은 특히 핫하다. 앞으로 전자상거래 플랫폼, 라이브 방송 플랫폼, 게임, 뷰티, 의료 등은 1,000억 위안이 넘는 시장인 만큼 왕훙 경제의 주요 시장이 될 것이다. 중국 내 왕훙 전문가들은 왕훙의 팔로워는 불확실성이 크고 이용자들의 열정이 짧은 등 우려가 있다고 지적했었다. 미래의 왕훙 문화 산업은 큰 폭발을 불러올 수밖에 없고, 올바른 가치관과 창의력을 갖춘 다수의 왕훙이 큰 잠재력을 발휘하고 있다. 왕훙 시장은 거대하며, 우리 대한민국 역시 이를 통해 파생적 가치를 이용해야 한다.

03 왕훙 경제와 왕훙 마케팅의 문제점

대부분의 왕훙 프로모션에는 소셜 미디어 마케팅 요소가 포함되며, 왕훙은 개인 트래픽과 영향력을 바탕으로 1인 미디어를 통해 퍼진다. 사실 왕훙 마케팅은 판매자가 소비자와 직접 소통할 필요 없이 왕훙을 선택해서 판매자의 메시지를 전달할 수 있다는 장점을 갖고 있다.

왕훙은 현대 문화와 제품의 대리인처럼 그들의 전문 지식과 경험을 공유해서 시청자와 함께 최신 트렌드와 라이프 스타일, 심지어 사고방식까지 공유할 수 있다. 이러한 라이프 스타일 변화에서 새로운 수요가 해당 문화 생활에 맞는 새로운 제품을 필요로 하여 소비자들과 장기적인 신뢰와 공감을 만들 수 있다. 동시에 왕홍을 통해서 브랜드 인지도 상승과 판매 촉진을 할 수 있어, 마케터들의 71%는 왕홍 마케팅이 다른 방식보다 더 나은 고객 및 트래픽 품질로 이어진다고 믿는다.

가장 중요한 것은 왕홍 마케팅이 소셜 미디어의 추종자를 키우는 데 도움이 된다는 것이다. 어떤 사람들은 살 준비가 되어 있지 않을 수도 있지만, 그들이 가장 좋아하는 왕홍이 어떤 브랜드를 팔로워하고 있는 것을 보면 그들 역시 그 브랜드를 팔로워할 것이다. 왕홍 마케팅은 소셜 미디어를 통한 이용자 육성에 유리하고, 성공적인 전환 확률을 보인다.

투자수익률 측면에서 인터뷰한 기업의 89%가 왕홍 마케팅이 높은 투자수익률을 제공한다고 답했다. 소수의 기업만이 효과가 없다고 말했다. 비효율적이라고 느끼는 기업은 좋은 계획을 세우지 못했거나, 잘못된 왕홍을 골랐거나, 잘못된 상품을 진행했거나, 적절한 구매자 타깃을 설정하지 못했기에 왕홍 마케팅이 효과가 없다고 느낀 것이다.

물론 위와 같은 장점 외에도 왕홍 마케팅에는 몇 가지 유의할 점이 있다.

첫째, 왕홍 팬 수에 너무 신경 쓰지 말자. 일부 왕홍은 수백만 명 또는 수천만 명의 팔로워를 가지고 있을지 모르지만, 우리 모두는 팔로워 수만이 왕홍의 인기를 나타내는 것이 아님을 알고 있다. 그래서 가짜 팬, 좀비 팬들만 있는 왕홍은 왕홍이 아니다.

둘째, 적합한 제품과 적합한 왕홍을 선택하자. 정기적으로 한 제품만 홍보하는 왕홍의 팬은 분명 지겨움을 느낄 것이기에 왕홍들은 본인에게 맞는 다양한 제품을 원한다. 그리고 왕홍이 홍보하는 상품의 질이 매우 좋다면, 이 왕홍이 제품을 홍보할 때 트래픽 전환율이 높을 수밖에 없다. 그래서 왕홍은 본인과 잘 맞는 상품인지 확인하는 동시에 상품의 품질을 매우 중요하게 생각한다.

셋째, 왕홍과 브랜드의 부합도에 관심을 갖자. 사실은 왕홍 선택할 때 무조건 비싼 왕홍을 선택한다고 효과가 좋은 것은 아니다. 협업할 왕홍이 브랜드와 잘 맞아야 제품을 더 잘 판매할 수 있기 때문이다.

자유로운 인터넷 플랫폼의 도움으로 왕홍은 자신의 매력을 보여 주고 팬들을 쉽게 끌어 모았다. 그들은 일상 사회 생활과 밀접한 관계를 맺고 있을 뿐만 아니라, 때로는 사회 현상에 대한 판단을 내리기도 하며 그들 자신의 책임감과 용기를 보여 준다.

그러나 처음에는 왕홍 마케팅 포지셔닝에 적합한 몇몇 산업 외에 다른 산업들은 왕홍 플랫폼을 실제로 성공적으로 실현시키지 못했다. 예를 들어, 중국의 동영상 플랫폼인 유쿠는 웹사이트에서 1인 미디어의 동영상을 보여 주고, 이에 따라 왕홍들은 위챗 공식 계정으로 팬들을 모아 위챗 스토어를 통해 돈을 벌지만, 유쿠 자체는 이로 인한 혜택을 받지 못하고 있다.

중국 칭화대 신문통신학부 선양 교수는 왕홍의 개인 스타일이 주목을 받고 있다며 상용화 후에도 여전히 유지될 수 있을지 지속적으로 지켜볼 필요가 있다고 말했다. 따라서 지속 가능한 상업적 가치를 형성할 수 있는지도 사례별로 분석할 필요는 있다.

대자본의 조종이 가능한 시장이 또 왕홍 시장이다. 자본의 이익적 특성은 왕홍 경제의 급속한 성장의 일부를 설명한다. 투자자들은 왕홍 경제의 발전 전망을 보고 왕홍 경제 산업에 뛰어들었다. 왕홍 인큐베이터를 건설하고, 왕홍을 패키지로 만들어 양성한다. 대부분의 왕홍은 초기 자본 지원이 부족하기 때문에 거대 자본의 힘에 의존하게 되면서 투자자들의 자본에 의해 조종되는 경우가 많다. 동시에 왕홍 인큐베이터는 동종 왕홍이 대거 등장하게 되면서 왕홍의 경제 경쟁도 상대적으로 심각한 상태다.

그럼 본격적으로 왕홍 마케팅 문제와 해결 방법을 알아 보자.

많은 사람이 왕홍 마케팅이 잘 되지 않는다고 생각한다. 왕홍 마케팅은 단기간에 많은 주문량을 달성하고 심지어 글로벌 광고주들에게 최고의 수출이 될 수 있지만, 많은 브랜드사가 시도하고 싶어도 어떻게 해야 할지 모르는 게 문제다.

매칭도匹配度

일부 브랜드사는 왕홍 라이브커머스를 하고 싶지만 누구를 어떻게 찾아야 할지 모르고 중국 시장에 대한 이해도도 낮다. 이 경우 확실한 목표와 합리적인 예산을 설정하고, 명확한 제품 포지셔닝을 설정하여야 제품의 데이터를 이해할 수 있다고 제안한다.

마케팅 효과

왕홍 마케팅이 어떤 변화를 가져올 수 있을까? 커머스 왕홍은 정말 많은 물건을 팔 수 있는가? 이것은 브랜드사들이 왕홍 마케팅을 선택할 때 생각해야 하는 것이다. 이 경우 브랜드사는 데이터로 시작할 수 있다. 예를 들어, 왕홍 한 명을 찾고 그 왕홍의 플랫폼에 게재된 콘텐츠 데이터를 통해 왕홍의 팬층을 연령, 국가, 성별, 소득 현황, 브랜드 고착성 등으로 분석하는 식이다. 데이터를 분석함으로써 얼마나 많은 팬이 그들의 제품을 구입할 가능성이 있는지 더 잘 알 수 있다.

먼저는 왕홍을 찾고, 왕홍 데이터를 분석한다. 팬의 성장에 따른 가짜 팬이 있는지 판단하고, 왕홍이 홍보한 상품 분석부터 어떤 콘텐츠를 했는가에 이르기까지 플랫폼 성장 추세 등을 분석할 수 있다.

왕홍 마케팅을 진행하기 전에 브랜드사 자체에 대한 니즈를 잘 정립해야 한다. 왕홍은 브랜드가 목표하는 바에 도달할 수 있도록 도움을 줄 수 있으나, 왕홍을 브랜드의 최종 목표로 삼으면 안 된다. 브랜드사가 자신의 제품 포지셔닝에 따라 해당 수요를 가진 팬과 적합한 왕홍을 찾아 중국 온라인 시장에 진입한다면 한국의 대표 브랜드로 선두할 수 있지 않을까?

04 왕훙 시각으로 본 국내 라이브커머스 시장

우리나라에서도 최근 중국의 사례를 벤치마킹한 라이브커머스가 발전하고 있다. 유통 대기업들은 이커머스 체제로의 전환을 위해 기존의 플랫폼을 개선하고, 새로운 서비스를 내놓는 등 노력을 기울이고 있다. 현재 우리나라에서 라이브커머스는 크게 2가지 형태로 발전하고 있다. 하나는 대형 백화점 등의 유통망이 자체적으로 소싱한 제품 홍보를 위해 라이브커머스를 진행하는 방식이고, 다른 하나는 네이버의 쇼핑라이브, 그립 등에서 라이브 방송을 통해 판매자와 소비자가 직접 접촉하는 방식이다. 대기업의 유명한 상품들도 있지만 주로 중소기업의 상품이 주를 이루며, 이들은 전문 장비 없이 스마트폰으로 소비자들과 실시간 소통하며 제품을 판매한다. 이러한 판매 방식을 통해 판매자는 온라인으로 다수의 소비자와 접촉하고, 소비자는 판매자와 실시간 소통하며 매장을 방문하지 않고도 간접적으로 제품을 경험할 수 있다.

2016년 당시 많은 왕훙은 타오바오 빅데이터 지원으로 팬들이 좋아하는 것을 실시간으로 파악할 수 있었다. 이에 커머스 왕훙은 트래픽 변화와 구매전환율을 바탕으로 특정 그룹을 빠르게 공략해 정확한 프로모션을 진행할 수 있었던 것이다. 한국은 중국의 2016년 라이브커머스 시장이 붐했을 때와 같은 현상을 보인다. 아마 중국보다 더 빨리 자리를 잡을지는 모르나 같은 발자취를 따르지 않을까 싶다.

또한 디지털 마케팅 산업의 화두는 쇼퍼블 콘텐츠Shoppable

Contents, 음성 검색 광고, 프로그래매틱 광고, 브랜딩 퍼포먼스 마케팅, O4OOnline for Offline 서비스가 될 것으로 보인다.

디지털 광고 전문 기업 인크로스가 발표한 2020 디지털 마케팅 트렌드 리포트에 따르면, 2020년 디지털 마케팅 업계에서는 온라인 콘텐츠를 통해 직접 구매까지 이어질 수 있는 '쇼퍼블 콘텐츠'가 주요 마케팅 기법으로 부상할 전망이다. 쇼퍼블 콘텐츠의 인기 요인은 포털, SNS, 이커머스 등 다양한 디지털 플랫폼에서 간편 결제에 주력하는 흐름과 맞물려 편리한 사용성으로 인해 이용자들의 결제 전환률이 향상되고 있기 때문으로 분석된다.

쇼퍼블 콘텐츠의 대표 주자인 인스타그램은 2020년 10월 말 피드에 노출되는 이미지 카드에 제품 링크 및 구매 페이지를 태그할 수 있는 쇼핑 광고 상품을 출시했다. 인스타그램에서 적극 활용되고 있는 '스토리' 역시 광고 영역으로 확장됐다. 제한 시간 내 보여지는 스토리 광고에 '지금 구매하기', '더 알아보기' 등의 추가 탭을 구성해 구매 가능한 외부 사이트로 연결이 가능하도록 했다. 이는 중국에서 2018년 3월부터 이미 틱톡이 타오바오와의 협력을 시작으로 쇼트클립 영상 내에 제품 링크 및 구매 페이지 연결이 가능하게 한 것과 같은 맥락이다.

최근 몇 년 사이 중국에서 라이브 방송 플랫폼이 인기를 끌면서 '왕홍 경제'가 자주 헤드라인에 등장하고 있다. 그러나 중국의 국내 정책에서 인터넷 규제가 갈수록 엄격해지면서 왕홍 경제 발전도 많은 도전과 한계에 직면하고 있다.

또한 유성과 같은 왕홍은 생명 주기가 짧다. 많은 사람이 왕홍의 생명 주기가 몇 달 안 될 수 있다고 생각한다. 전통적인 연예인 아티스트들과는 달리, 왕홍들은 이미지 포장, 홍보, 유지 등 케어해 줄 수 있는 기획사가 없다. 실제로 일부 왕홍의 생명 주기는 2, 3일 정도로 짧다. 또한 매일 라이브 방송을 하던 왕홍이 3일 정도 방송을 하지 않으면 팬들이 모두 달아날 수도 있다.

중국의 라이브커머스는 현재 2가지 주요 수익 방식이 있다. 하나는 다양한 라이브 방송을 통해 선물과 보상을 받는 것이고, 다른 하나는 팬들에게 음식과 옷 등을 판매하는 것이다. 국내 라이브커머스의 경우에는, 물건을 판매하는 경우는 있지만 아직까지 선물과 보상을 받는 형식은 드문 편이다. 중국은 물건을 판매하는 왕홍들에게 선물을 줌으로써 물건을 팔고 사기 위한 관계가 아니라는 것을 보여 주며, 서로의 유대관계를 더 돈독히 한다.

앞으로의 라이브커머스 방향은 어떨까? 라이브 방송은 이제 상품을 홍보하고 판매하는 간단하고 효과적인 채널이 되었다. 전자상거래 플랫폼, 짧은 동영상 플랫폼의 발전으로 2019년 라이브커머스가 전자상거래 산업화를 향해 진화하고 있다. 2019년이 되어서야 전자상거래 라이브 방송이 상대적으로 독립적이고 완전한 산업이라는 것을 깨달은 듯, 국내 많은 기업은 이제서야 라이브 방송의 중요성을 직시하고 있으며 전략적인 마케팅 계획에 라이브커머스 항목을 넣었다.

5G 시대가 시작되면서 미래에 라이브커머스는 더 큰 시장을 획득하고 산업 전체의 발전까지 가속화할 것이다. 오늘날 전자상거래 플랫폼은 더 많은 트래픽 유입이 필요하며, 많은 기업이 라이브

커머스로 관심을 돌리고 있다. 라이브커머스를 통한 전자상거래 시장이 예년보다 더 큰 잠재력을 발휘하는 것으로 보이는 상황에서, 많은 중국 MCN 기업이 라이브커머스 진행은 물론, 왕훙 인재 양성과 라이브커머스 대행 업무 서비스에 집중하고 있다.

전국민 라이브커머스 시대에 왕훙의 경제 발전과 잠재력은 끊임없이 우리의 인식을 새롭게 한다. 예를 들어, 웨이야가 2020년 4월 타오바오 라이브로 로켓 발사권 약 4,000만 위안(약 70억 원)의 거래를 성사시키며 온라인 판매 최고액을 경신해서 이슈가 되었듯이 지금이 라이브커머스의 전성시대다.

앞으로 왕훙의 라이브커머스는 지속적으로 확장될 것이며, 이 마케팅 모델은 소비자에게 더 빠르고 정확하게 브랜드 정보를 전달할 수 있어 점점 더 많은 브랜드의 관심을 끌 것이다.

05 왕홍이 되기 위한 앞으로의 도전

베이징에서 왕훙 엔터테인먼트를 설립하고 2017년도 사드를 겪으면서 난 이미 한국 왕훙에게 제시될 문제와 도전을 보았다. 중국에서 왕훙 엔터테인먼트를 시작했을 때 중국 언론사 기자가 인터뷰를 요청했다. 그때 이야기했던 말이 생각난다.

"왕홍이 오고 싶은 회사를 만들겠다."

2017년도에 들어 한중 간의 사드로 인한 긴장이 고조된 만큼 사업 준비에 어려움이 많았다. 한국인 왕홍이라는 이유로 한 달 전부터 예정돼 있던 뷰티 강연 규모가 축소되는가 하면 소속 왕홍은 방송 청취자들로부터 각종 폭언과 험담에 시달렸다. 심지어 일부는 방송 플랫폼 측으로부터 아무 이유 없이 방송을 정지당하거나 계약을 해지당하기까지 했다. 하지만 당시에 난 쉽지 않은 상황인 것은 맞지만 중국이 너무 좋고 방송을 통해 팬들과 만나는 것이 좋아 웃음을 잃지 않으며 계속 나아갔다. 오히려 소속 왕홍들에게 모범을 보이고자 매일 오전 6시에 일어나 3시간가량 방송을 진행했으며, 전문성을 키우기 위해 한국을 틈틈이 방문해 메이크업, 스킨케어 등 교육 과정을 이수하고 자격증까지 받았다. 뷰티 왕홍으로 활동하기 위해 다양한 교육을 듣고 공부하면서 무엇보다 전문성을 보여 주는 게 왕홍에게는 중요하다는 것을 느꼈다. 실은 5년이나 더 지난 이야기지만 그때나 지금이나 나의 생각은 변함 없다. 한국인이 왕홍이 되기 위해서 가장 먼저 난관에 부딪히는 건 어쩔 수 없이 '의사소통'이다. 중국어 실력은 기본이고 겸손함을 갖춘 왕홍이어야 오래간다. 이런 인성을 갖고 있는 왕홍이 본인의 분야에 전문성까지 보유한다면 경쟁력이 충분하다. 그렇기에 우린 새로운 사고방식을 가질 필요가 있다.

요즘은 라이브커머스가 점점 더 인기를 끌다 보니, 새로운 왕홍들이 끝없이 등장한다. 이 라이브 판매 열풍 속에서 신인 왕홍들이 어떻게 살아남을 수 있을까? 한국 왕홍의 미래 방향은 무엇인가?

신인 왕홍의 경우 개인 IP를 강화하는 한편, 콘텐츠 속성을 지속적으로 강화하는 것이 중요하다. 중국의 유명한 메이크업 왕홍 다마오마마는 처음에 일상 메이크업을 공유하다가 전문 메이크업 왕홍까지 되었다. 이로 인해 '2019년 가장 인기 있는 뷰티 왕홍'을 수상하기도 했다. 트래픽과 뷰티라는 콘텐츠는 의심할 여지없이 '일반인'에서 'IP'로 전환하는 데 핵심직인 역할을 했다.

　짧은 동영상 촬영에 집중하는 메이파이Meipai 같은 동영상 편집 앱이 등장하면서 동영상 제작 비용이 점점 낮아지고 있다. 누구나 휴대폰을 들고 영상을 촬영해 소셜 미디어 플랫폼과 동영상 사이트에 올릴 수 있다. 왕홍이 되고자 하는 사람이라면 동영상 제작을 할 줄 알아야 한다. 이젠 모바일 하나면 영상 촬영과 편집이 가능한 시대다. 중국에는 쉽게 영상 편집을 할 수 있는 앱들이 너무나도 많다. 아직까지 영상 편집을 할 줄 모르는 사람이 있다면 이 앱을 추천한다. 틱톡에서 출시한 지엔잉剪映이라는 어플인데 영상 혹은 사진을 선택해서 영상으로 제작 가능하며, 음악 혹은 음성도 추가할 수 있고 자막도 바로바로 넣을 수 있다. 만약 자막을 중국어나 영어로 치면 그 자막을 음성으로 변환해 주는 기능도 있고 기본적인 영어, 중국어를 인식할 수 있는 어플이다. 중국의 많은 왕홍이 이 어플을 통해 V-log 영상을 제작해서 팬들에게 공유한다. 일반적으로 쇼트클립 플랫폼에 알맞은 크기 비율이 9:16이기에 어떤 플랫폼에 영상을 올릴지에 따라 크기를 설정해야 한다. 또한 왕홍은 언제 어디서든 촬영할 준비가 되어 있어야 하고, 앞에서도 언급했지만 삼각대 혹은 셀카봉과 보조배터리는 필수다.

　앞으로 중국에 진출하고자 하는 많은 국내 브랜드사는 중국 왕홍을 찾기 위한 노력을 더 하겠지만 그들은 한국에 올 수 없고 언어가 통하지 않아 협업하는 데 많은 어려움을 느낄 것이다. 이에 한국

앞으로 이어질 왕홍 이야기　**209**

에 있는 한국 왕홍들이 KOC 왕홍의 역할을 잘할 수만 있다면 점점 더 수요가 많아질 것이니 이에 따른 대비를 지금부터 해야 한다. 왕홍을 양성하는 아카데미를 작년 9월부터 운영하면서 학생들을 대상으로 설문지 조사를 한 적이 있다. 왕홍을 준비하면서 본인에게 가장 어렵다고 느껴지는 것이 어떤 부분인가에 대한 질문에 많은 학생이 왕홍 플랫폼에 대한 운영 전략과 방송용 중국어 실력이었다. 이 책을 보는 여러분 역시 마찬가지이지 않을까 싶다. 이에 여러분을 위해 왕홍 방송용 중국어 핵심 어휘를 부록 1에 정리했다. 왕홍들이 라이브 방송을 진행할 때 어떤 중국어를 사용하는지 살펴보고, 실제 방송을 진행할 때 조금이나마 도움이 되기를 바란다.

06 MCN 회사의 향후 비즈니스 모델

기존 중국 비스니스 모델을 전복하고 새로운 비즈니스 모델의 사고를 시작해야 한다.

공유 경제 측면에서 보면 왕홍을 잘 관리하는 MCN 기업들은, 사실 왕홍이 소셜 플랫폼을 통해 이용자들에게 자신의 능력이나 재능을 보여 주기만 하면 이를 통해 수익을 나눌 수 있다. 그러나 중국 MCN 회사들은 단순히 소셜 플랫폼을 통한 콘텐츠 수익만이 아닌 이커머스 플랫폼과 결합한 수익에 더 집중하고 있다. 왕홍 경제가 성장하면서 왕홍들은 안정된 직업 없이도 생계를 유지할 수 있게 되었고, 이런 상황의 원인은 공유 경제 모델에 많은 신 산업이 등장하면서 고용 기회가 높아진 것은 물론, 많은 정규직이 임시 아르바이트로 대체되면서 전통적인 고용 방식에 도전장을 내밀었기 때문이다.

성공적인 MCN 기업들은 민감한 시장 경제에 촉을 가질 필요가 있다. 우선 트래픽이 어떤 매체로 발전하는지에 관해 관심을 갖고, 반드시 이 형식을 따라야 한다. 이제 콘텐츠는 긴 비디오 형식이 아닌, 쇼트클립과 같은 짧은 비디오 형식으로 더욱 기울게 될 것이고, 대부분의 MCN은 콘텐츠 회사로서 쇼트클립 동영상 플랫폼을 따라갈 기회를 잡을 것이다. 중국 역시 동영상 시장이 커짐에 따라 타오바오와 같은 전자상거래 플랫폼도 전문적인 동영상 제작진들과 계약하고, 전자상거래화를 주력으로 플랫폼 내 고품질화 콘텐츠와 강력한 판매력을 결합했다.

이에 우수한 MCN은 2가지 왕홍 마케팅의 핵심 요인을 파악하는 능력이 필요하다.

첫째, 중국 소비자가 좋아할 만한 스토리가 있는 주요 왕홍을 선택한다. 눈길을 끄는 주제로 콘텐츠를 제작하고, 이용자의 심리적 욕구를 포착해 네트워크 플랫폼에서 왕홍을 바르게 홍보해 개인의 영향력을 향상시키고 지속적으로 커뮤니케이션 범위를 넓혀야 한다. 예로, 중국에서 유학을 하고 한국에 돌아간 한국 왕홍이 한국 화장품 연구소에서 일하다가 중국 소비자들이 좋아할 수 있는 브랜드를 만들었다. 이는 화장품을 팔기 위한 중요한 스토레텔링 요소다.

구체적으로 MCN 회사가 왕홍과 브랜드를 만들 때는 왕홍 본

연의 스타일과 특징을 부각시킬 뿐만 아니라, 팬들과 자주 소통하며, 본인의 스토리로 팬들에게 감동을 주는 방법을 찾아야 한다.

독특한 스타일 특징

모든 왕홍은 사용자에게 깊은 인상을 남겨야 한다. 이에 왕홍이 되려면 새로운 관점에서 핫이슈를 해석해 적절하고 재미있는 방식으로 제시할 수 있어야 한다.

빈번한 소통과 교류

왕홍이 더 많은 팬을 끌어들여 자기 콘텐츠에 관심을 갖게 하려면 팬들과의 소통이 필수다. 참여도가 높은 주제를 선정해 팬들과 토론할 수 있게 진행한다. 팬들과의 거리를 줄이기 위해 왕홍들은 본인만의 독특한 스타일로 개인 영상을 만들기도 한다.

감동 스토리

왕홍들은 팬들의 관심을 끌기 위해 스토리텔링을 사용한다. 자신만의 이야기를 만들어 내고, 이야기를 들려주는 과정에서 대중의 일상 생활과 공통점을 찾아낸다. 자신의 이야기에 대한 팬들의 열망과 공감을 자극하는 것이다. 지속적인 콘텐츠 보급에 주의하지 않는다면, 왕홍의 입지를 다지기 쉽지 않다.

우선 MCN은 왕홍 팬들의 3가지 심리를 정확하게 공략할 필요가 있다. 팬들의 소속감, 왕홍과 자신에 대한 판타지 심리, 오락에 대한 심리적 요구를 파악하는 데 초점을 맞춰야 한다.

첫째, 팬들의 소속감이다.

왕홍의 팬들은 왕홍에 대한 공통 상호와 찬사를 바탕으로 한자리에 모여, 이러한 방식으로 자신의 가치를 찾는다. 팬의 컬렉션은 개인이 서클에서 빼놓을 수 없는 부분인 것처럼 정체성과 소속감을 느끼게 하고, 타인과 공통적으로 숭배하는 왕홍에 대한 자부심을 느낄 수 있다.

둘째, 왕홍과 자신에 대한 판타지 심리다.

왕홍이 네트워크 플랫폼에서 제작하는 콘텐츠와 이미지는 팬들의 정체성을 자극할 수 있는데, 이들은 이 느낌을 왕홍 개인에게 전할 것이다. 동시에 왕홍은 팬들과의 관계를 파악하여, 팬들이 네트워크 플랫폼에 제시된 이미지가 실제 생활에서 자신의 이미지라고 느낄 수 있도록 해야 한다. 또한 팬들은 왕홍이 원래 평범한 사람이었기 때문에 자신과 연관시키고, 자신의 성공을 기원하며 이 환상을 자신에게 전할 것이다.

셋째, 오락에 대한 심리적 요구다.

삶의 속도가 빨라지면서 사람들은 일과 일상에서 큰 압박감을 느낀다. 이 경우 일시적으로 휴식을 취할 수 있도록 어떤 오락 콘텐츠를 보면서 압박감을 푸는 방식을 택하는 경우가 많다. 따라서 왕홍은 팬들의 심리적 수요를 포착하고, 일부는 가볍고 유머러스한 내용으로 팬들을 끌어들이고, 일부는 예리한 언어로 일상 속 흔한 현상을 비판하며 팬들을 끌어들이고, 일부는 특정 분야의 사람들에게 안내를 해주는 것을 바탕으로 팬들을 끌어 모은다. 형식이 어떻든 주로 오락을 위한 것이다.

국내 MCN은 유튜브 플랫폼에서 시작했다면, 중국은 콘텐츠 산업의 발달로 부화한 MCN 회사들이 많으며 2015년부터 MCN 회사 수가 급증하고 있다. 2019년 MCN 회사 수는 1만4,500개에 달한다.

MCN의 비즈니스 사업 유형을 이야기하면, 주로 콘텐츠 제작과 플랫폼을 말한다. 콘텐츠 제작자들은 제작한 콘텐츠에 따라 플랫폼을 선택한다. 현재 MCN 플랫폼은 짧은 동영상, 전자상거래, 라이브 방송, 소셜 네트워킹, 정보, 플랫폼 등 사업에 따라 6가지 유형으로 구분해 소셜 전자상거래의 방향에서 상업적 실현을 모색하고 있다.

MCN은 중국 왕홍 경제의 핵심이 되었다. 동시에 중국의 MCN은 지역마다 상이한데, 남부에 있는 MCN 기관의 비율이 북부에 비해 높다. 전문 MCN 조직들이 주로 하는 업무는 왕홍 교육, 콘텐츠 개발, 사용자 빅데이터 관리, 플랫폼 자원 공급, 트래픽 현금으로 전환, 제품 공급 등이 있다.

왕홍 MCN 관련 기업은 경영에서 왕홍의 매출을 향상시키기 위해 왕홍 경영 메커니즘을 도입하여 시스템을 만들고, 전문 운영 인력을 채용해 공급망 관리 수준을 향상시키고 있다. 이와 동시에 현재의 중국은 라이브커머스가 전자상거래 시대의 대세가 되어, 리자치, 웨이야, 리즈치처럼 쉽게 돈을 버는 탑급 왕홍들을 통제할 수 없는 부정적인 면도 존재한다. 그렇기에 중국 정부에서는 왕홍 경제가 계속 발전할 수 있도록 네트워크 생태 환경에 대한 감독을 강화하기 위한 법령과 정책을 내고 있다.

어떻게 하면 수많은 왕홍을 규제할 수 있을까? 자기 관리는 분명히 선택 사항이 아니다. 예를 들어 라이브 방송으로 발생할 수 있는 가짜 마케팅과 가짜 상품 판매에 대해 플랫폼과 브랜드는 주요 책임감과 이에 따른 안전 장치를 가지고 왕홍에게 라이브커머스를 진행하게 해야 한다. 현재 대부분의 왕홍, 특히 상업적으로 많은 돈을 버는 데 관심이 있는 왕홍들은 무조건 MCN과 계약한다. 이것이 왕홍들을 규제하고 관리하는 데 가장 효율적이기도 하고, 성공한 왕홍이 만든 MCN들이 많아 롤모델인 왕홍 대표를 따르는 신인 왕홍들이 많기 때문이다. 중국 MCN의 구조는 왕홍 대표를 중심으로 팀웍이 대단하다. 예로 웨이야라는 왕홍은 제품 하나를 선정하는 데 많은 시간을 투자하고, 제품 선정이 끝나고 라이브 방송 일정이 정해지면 MCN에 소속되어 있는 모든 왕홍이 그 제품을 다같이 판매한다. 이로 인해 한 번에 제품 홍보, 마케팅, 판매까지 매출을 극대화할 수 있다.

중국에서 왕홍의 규제가 어려운 부분을 앞서 간파한 나 역시 왕홍 1세대 출신답게 왕홍 아카데미를 운영하며 예비 왕홍들에게 브랜드에 대한 책임감과 사명감을 가지도록 교육하고 있다. 기본적인 인성 교육이 베이스가 되어야만 왕홍 문화를 선진화할 수 있다. 브랜드와 제조 업체의 제품을 숙달하고, 신뢰도가 높은 본인의 채널을 통해 진실성 있게 제품 홍보와 판매를 할 수 있어야 한다. 인터넷에 제시된 상품이나 서비스가 단기간에 소비자 앞에 나타날 수 없기 때문에 성공적인 구매는 신뢰를 바탕으로 해야 한다.

MCN 조직의 이미지는 소극적지만, 플랫폼과 왕홍의 비즈니스 교섭의 센터로서 중국 비즈니스 마케팅에서 중요한 역할을 담당하고 있다. 이는 에이전트사와 영화사, 소속 아티스트의 관계와 비슷하다. 기업 운영의 메커니즘에 MCN은 왕홍에 대한 절대적인 통제권을 가지고 있다. 사업 운영의 법칙이든 기업의 사회적 책임이든 MCN 기관은 왕홍 경제평가표준화의 길에 책임을 져야 한다. 이와 더불어 나는 한국 1세대 왕홍으로서, 더 나아가 한국 왕홍 MCN 회사를 운영하는 대표로서 한국 기업의 중국 진출을 위한 매개체인 한국 왕홍을 잘 양성하여 한국 기업들의 중국 시장 판로 개척을 위한 일에 동참하고자 한다. 내가 운영하는 MCN 조직의 차별성이라면, 왕홍 혹은 셀러인플루언서들을 단순한 규제와 관리 대상으로 보는 것이 아닌 함께 걸어가는 동반자로 본다는 점이다. 우리 조직 내에서는 왕홍이 기업의 주체이면서 영업 사원이기도 하다. 중국에서도 보면 알 수 있듯이 중국의 큰 MCN의 성공 요인은 왕홍 대표를 중심으로 팀웍이 대단하다는 것이다. 왕홍들이 본인이 속한 MCN을 홍보하고 직접 영업을 한다면 이보다 더 좋은 효과가 있겠는가? 왕홍 대표에 대한 신뢰와 조직을 운영할 수 있는 시스템만 갖춰진다면 왕홍은 그 누구보다 더 회사를 위해 뛸 존재이며 '최고의 영업 사원'이 될 수 있다.

이 책을 다 읽은 지금 이 순간에도 여전히 당신은 '왕홍'이 되기에, 또는 중국 비즈니스를 하기에 막막하다고 느낄지도 모른다.

하지만 이 책을 읽은 당신은 이미 중국 시장에 발은 디뎠다. 다 갖춰서 시작하는 사람은 이 세상에 존재하지 않는다. 모르기에 배워야 하고, 부족하기에 채워야하는 것이 인생이고 또 중국 비즈니스의 길이다. 중국 비즈니스를 하기로 마음먹었다면 지금 바로 무엇이라도 시작하자. 왕홍으로 시작하여 왕홍 MCN 회사를 운영하기까지의 나의 과정을 보면 알 수 있듯이, 중국 시장 진출이 할 만하다고 이야기하는 것도, 꼭 해야 하는 것도 아니지만 마음이 시키는 대로 꾸준히 하다 보면 결국 중국 비즈니스는 된다. 언젠가 당신의 회사가 대한민국을 대표하는 회사가 되기를, 그리고 당신이 한국을 대표하는 왕홍이 되기를 바라는 응원의 메시지를 전하며 글을 마친다.

부록
라이브커머스 방송용 필수 중국어

Let's start! 라이브커머스 기본 단어 익히기

支持
zhīchí

[동] 지지하다. 후원하다

这次活动能取得成功，多亏大家**支持**。
zhècì huódòng néng qǔdé chénggōng, duōkuī dàjiā zhīchí.
이번 행사가 성공할 수 있었던 것은 모두 여러분의 지지 덕분입니다.

关注
guānzhù

[동] 팔로우, 관심을 가지다

希望大家多多**关注**。
xīwàng dàjiā duōduō zhīchí wǒ.
앞으로도 많은 관심 부탁드려요.

分享
fēnxiǎng

[동] 공유(하다)

分享这张照片就可以参与活动了。
fēnxiǎng zhèzhāng zhàopiān jiù kěyǐ cānyù huódòng le.
이 사진을 공유하시면 이벤트에 참여할 수 있습니다.

点赞
diǎn zàn

[동] 좋아요(누르다)

大家的**点赞**对我很有帮助。
dàjiā de diǎnzàn duì wǒ hěn yǒu bāngzhù.
'좋아요'를 눌러주시면 저에게 큰 힘이 됩니다.

直播间
zhíbō jiàn

[명] 생방송실

我在**直播间**跟大家沟通。
wǒ zài zhíbōjiàn gēn dàjiā gōutōng.
저는 지금 생방송실에서 여러분과 소통하고 있습니다.

直播
zhíbō

동 생방송(하다)

直播才刚刚开始。
zhíbō cái gānggāngkāishǐ。
이제 막 생방송을 시작했습니다.

人气
rénqì

명 인기

我是**人气**旺的网红。
wǒ shi rénqi wàng de wǎnghóng。
저는 인기왕홍입니다.

爆款
bàokuǎn

명 베스트셀러, 인기상품

在各种商品中被选为**爆款**。
zài gèzhǒng shāngpǐn zhōng bèixuǎnwèi bàokuǎn。
여러 상품들 중에서도 가장 베스트셀러로 꼽혔습니다.

产品
chǎnpǐn

명 제품, 상품

简单地介绍一下这**产品**。
jiǎndǎn de jièshào yíxià zhè chǎnpǐn。
이 상품에 대해 간단히 소개드리겠습니다.

互动
hùdòng

동 소통하다

和大家**互动**的话，时间过得真快。
hé dàjiā hùdòng dehuà shíjiān guòdé zhēnkuài。
여러분들과 소통하다보면 진짜 시간이 빨리갑니다.

详细
xiángxì

동 상세하다, 자세하다

关于产品**详细**说明一下。
guānyú chǎnpǐn xiángxì shuōmíng yíxià。
제품에 대해 상세하게 설명 드리겠습니다.

说明
shuōmíng

동 설명하다

如有疑问，将充分**说明**。
rú yǒu yíwèn, jiāng chōngfènshuōmíng.
궁금한 점이 있으면 충분히 설명 드리겠습니다.

购物车
gòuwùchē

명 장바구니, 쇼핑카트

快点装进**购物车**里吧。
kuàidiǎn zhuāngjìn gòuwùchē lǐ ba.
빨리 장바구니에 담아요.

热门系列
rèménxìliè

명 인기 시리즈

是**热门系列**中最好的商品。
shì rèménxìliè zhòng zuìhǎo de shāngpǐn.
인기 시리즈 중에서도 최고의 상품입니다.

流量
liúliàng

명 유입량

很多人参与我的直播间**流量**达到了历史最高的记录。
hěnduōrén cānyù wǒ de zhíbōjiān liúliàng dádào le lìshǐ zuìgāo de jìlù.
많은 분들이 방송에 참여해주셔서 역대 최고 유입량을 기록했습니다.

已经
yǐjīng

동 이미

已经卖光了。
yǐjīng mǎiguāng le.
이미 매진이에요.

期待
qīdài

동 기대(하다)

今后也请多多**期待**我。
jīnhòu yě qǐng duōduō qīdài wǒ.
앞으로도 많이 많이 기대해주세요.

点击
diǎnjī

동 클릭하다

请立即**点击**购买按钮。
qǐng lìjí diǎnjī gòumǎi ànniǔ。
바로 구매버튼을 클릭하세요.

主播
zhǔbō

명 라이브 방송인

给大家介绍我旁边的**主播**。
gěi dàjiā jièshào wǒ pángbiān de zhǔbō
제 옆에 계신 라이브 방송인을 소개드리겠습니다.

网红
wǎnghóng

명 왕훙

给大家介绍我旁边的**网红**。
gěi dàjiā jièshào wǒ pángbiān de wǎnghóng。
제 옆에 계신 왕훙을 소개드리겠습니다.

帮忙
bāngmáng

동 일을 돕다

我要**帮忙**。
wǒ yào bāngmáng。
저 좀 도와주세요.

美女
měinǚ

명 미녀

我是**美女**。
wǒ shì měinǚ。
저는 미녀에요.

代购
dàigòu

동 구매대행

该产品是**代购**商品。
gāi chǎnpǐn shì dàigòu shāngpǐn。
이 제품은 구매대행 상품입니다.

필수 중국어 및 마인드맵 그리기　**223**

帅哥
shuàigē

명 미남

应该有很多**帅哥**看着我。
yīnggāi yǒu hěnduō shuàigē kànzhe wǒ。
여러 미남들이 시청하고 계실텐데요.

不迷路
bù mílù

동 길을 잃지 않다

跟着我才**不迷路**。
gēnzhe wǒ cái bù mílù。
저를 따라와야 길을 잃지않아요.

品牌
pǐnpái

명 브랜드

是最有名的**品牌**之一。
shì zuì yǒumíng de pǐnpái zhīyī。
가장 유명한 브랜드 중 하나입니다.

224 부록

| **Let's start!** | 뷰티 커머스 기본 단어 익히기 |

护肤水
hùfūshuǐ

동 스킨, 토너

先用**护肤水**。
xiān yòng hùfūshuǐ。
먼저 토너를 사용하도록 하겠습니다.

面霜
miànshuāng

동 크림

介绍一下这款**面霜**的成分。
jièshào yīxià zhè kuǎn miànshuāng de chéngfèn。
이 크림에 들어간 성분을 소개할게요.

稠密
chóumì

동 조밀하다, 미세하다

精华液的质地很**稠密**。
jīnghuáyè de zhìdì hěn chóumì。
에센스의 제형이 되게 미세해요.

吸收
xīshōu

동 흡수하다, 빨아들이다

酒精的**吸收**很快。
jiǔjīng de xīshōu hěnkuài。
알코올은 빨리 흡수된다.

清爽
qīngshuǎng

명 시원하다, 맑고 상쾌하다

使用后会感受到**清爽**的感觉。
shǐyòng hòu huì gǎnshòu dào qīngshuǎng de gǎnjué。
사용하자마자 시원한 느낌을 받으실 거예요.

필수 중국어 및 마인드맵 그리기 **225**

质地
zhìdì

명 텍스처, 제형

质地也非常柔软。
zhìdì yě fēicháng róuruǎn。
텍스처도 아주 부드러워서 좋아요.

含有
hányǒu

명 함유하다, 포함하고 있다

只**含有**营养良好的成分。
zhǐ hányǒu yíngyǎng liánghǎo de chéngfèn。
좋은 영양 성분만 함유하고 있어요.

水润
shuǐrùn

명 물광

谁都要**水润**肌肤。
shéi dōu yào shuǐrùn jīfū。
지금 피부에서 물광 나는 것 보이시죠?

屏障
píngzhàng

동 장벽

这是帮助强化肌肤**屏障**的产品。
zhèshì bāngzhù qiánghuà jīfū píngzhàng de chǎnpǐn。
피부 장벽 강화에 도움을 주는 제품입니다.

轻柔
qīngróu

동 가볍고 부드럽다

请**轻柔**地按摩眼部。
qǐng qīngróu de ànmó yǎnbù。
눈을 가볍고 부드럽게 만져주세요.

沁润
qìnrùn

동 스며들다, 적시다

你的热情**沁润**了我的心。
nǐ de rèqíng qìn rùn le wǒ de xīn。
당신의 따뜻한 마음이 내 마음으로 스며들었어요.

226   부록

抗皱
kàngzhòu

명 주름을 방지하다

一些好的产品可以有效地**抗皱**。
yìxiē hǎo de chǎnpǐn kěyǐ yǒuxiào de kàngzhòu。
좋은 제품들은 주름 방지에 효과적입니다.

毫升
háoshēng

명 밀리리터(ml)

装在500**毫升**的容器。
zhuāngzài 500háoshēng de róngqì。
500ml 용기에 담겨있어요.

修复
xiūfù

명 재생하다, 회복하다

修复皮肤不会花太长时间。
xiūfù pífū búhuì huātài zhǎngshíjiān。
피부가 회복하는 데에 그리 오랜 시간이 걸리지 않을거예요.

舒缓
shūhuǎn

동 온화하다

这是**舒缓**凝胶。
zhèshì shūhuǎn níngjiāo。
이건 수딩젤이에요.

二次清洁
èrcìqīngjié

동 2차 클렌징

第**二次清洁**很重要。
dièrcì qīngjié hěn zhòngyào。
2차 클렌징은 중요해요.

老化
lǎohuà

명 노화하다

我想防止皮肤**老化**。
wǒ xiǎng fángzhǐ pífū lǎohuà
피부 노화를 방지하고 싶어요.

필수 중국어 및 마인드맵 그리기　**227**

敏感肌肤
mǐngǎnjīfū

명 민감성 피부

拥有**敏感性皮肤**的人有好消息。
yōngyǒu mǐngǎnxìng pífū de rén yǒu hǎoxiāoxī。
민감성 피부를 가진 분들에게 희소식이 있습니다.

透明质酸
Tòumíng zhìsuān

동 히알루론산

用**透明质酸**为皮肤补充水分。
yòng tòumíngzhìsuān wèi pífū bǔchōng shuǐfèn。
히알루론산으로 피부에 수분을 보충해주세요.

干细胞
gànxìbāo

명 줄기세포

干细胞的再生能力是最强的。
gànxìbāo de zàishēng nénglì shì zuìqiáng de。
줄기세포는 재생 능력이 뛰어나요!

腺苷
xiàngān

동 아데노신

腺苷具有改善皱纹的卓越功效。
xiàngān jùyǒu gǎishàn zhòuwén de zhuóyuè gōngxiào。
아데노신은 주름 개선에 탁월한 효능을 보입니다.

缩氨酸
suōānsuān

명 펩타이드

这产品还含有**缩氨酸**成分。
zhè chǎnpǐn hái hányǒu suōānsuān chéngfèn。
이 제품에는 펩타이드 성분도 함께 들어있습니다.

甘油
gānyóu

동 글리세린

含有**甘油**的产品就是保湿效果很好。
hányǒu gānyóu de chǎnpǐn jiùshì bǎoshī xiàoguǒ hěn hǎo。
글리세린이 함유된 제품은 보습에 뛰어난 효과가 있습니다.

精华液
jīnghuáyè

명 에센스

先抹**精华液**。
xiān mǒ jīnghuáyè。
일단 에센스를 발라 줍니다.

| Level-Up! | 라이브커머스 실무 회화 1 |

网红 大家好! 我是来自韩国的网红兰兰,
Wǎnghóng dàjiā hǎo! wǒ shì láizì hánguó de wǎnghóng lánlán.

欢迎来到兰兰的直播间。
huānyíng láidào lánlán de zhíbō jiān.

왕홍 안녕하세요! 저는 한국에서 온 왕홍 란란이에요,
제 라이브 방송에 오신 것을 환영합니다.

观众 你好, 韩国网红!
Guānzhòng nǐhǎo, hánguó wǎnghóng!

시청자 안녕하세요, 한국 왕홍!

网红 现在进来的人越来越多, 流量很高!
Wǎnghóng xiànzài jìnlái de rén yuèláiyuèduō, liúliáng hěn gāo!

帮忙分享一下直播间, 跟网红多多互动一下。
bāngmáng fēnxiǎngyíxià zhíbō jiàn, gēn wǎnghóng duōduō hùdòng yíxià.

왕홍 지금 라이브 방송에 들어오는 사람들이 많은데요, 유입량이 엄청나네
요! 라이브 방송 주변에 홍보 많이 해주시고 많은 소통 부탁드립니다.

观众 好的, 网红今天介绍什么产品?
Guānzhòng hǎo de, wǎnghóng jīntiān jièshào shénme chǎnpǐn?

시청자 좋아요, 오늘은 어떤 제품을 소개할 건가요?

网红 我今天给你们介绍的产品是基础化妆品中,
Wǎnghóng wǒ jīntiān gěi nǐmen jièshào de chǎnpǐn shì jīchǔ huàzhuāngpǐn zhōng,

热门系列产品。
rèmén xìliè chǎnpǐn.

| 왕훙 | 오늘 제가 여러분께 소개할 상품은 기초 화장품 중에서도 가장 인기있는 라인의 제품이에요. |

观众 Guānzhòng
哇！我很期待啊！
wā! wǒ hěn qīdài a!

시청자　와! 엄청 기대되네요!

网红 Wǎnghóng
这款化妆品是最近在韩国很多人用的人气爆款啊。
zhè kuǎn huàzhuāngpǐn shì zuìjìn zài hánguó hěnduō rén yòng de rénqì bàokuǎn a.

왕훙　이 화장품 라인은 요즘 한국에서 엄청 많은 사람이 사용하고 있는 히트 상품이에요.

观众 Guānzhòng
好像我也看过这款化妆品！
hǎoxiàng wǒ yě kànguò zhè kuǎn huàzhuāngpǐn!

시청자　저도 이 화장품을 본 적이 있는 것 같아요!

网红 Wǎnghóng
欢迎来到我的直播间的美女帅哥！
huānyíng láidào wǒ de zhíbō jiān de měinǚ shuàigē!

왕훙　오늘 제 라이브 방송에 오신 미남, 미녀분들 환영합니다!

观众 Guānzhòng
今天从几点到几点直播？
jīntiān cóng jǐ diǎn dào jǐ diǎn zhíbō?

시청자　오늘 몇 시부터 몇 시까지 라이브 방송하나요?

网红 Wǎnghóng
今天从6点到9点直播，请关注一下直播间，
jīntiān cóng 6 diǎn dào 9 diǎn zhíbō, qǐng guānzhù yíxià zhíbō jiān,

请多多点赞，支持一下网红。
qǐng duōduō diǎn zàn，zhīchí yíxià Wǎnghóng。

왕훙　오늘 6시부터 9시까지 라이브 방송을 진행하니, 제 라이브 채널

필수 중국어 및 마인드맵 그리기　231

팔로우 해주시고 좋아요도 많이 해주시고, 응원 부탁드립니다.

观众
guānzhòng

我已经关注了，
wǒ yǐjīng guānzhù le，

今天介绍的化妆品也已经放到购物车里了。
jīntiān jièshào de huàzhuāngpǐn yě yǐjīng fàngdào gòuwùchē lǐ le。

시청자　난 이미 팔로우했어요,
오늘 소개한 화장품도 이미 장바구니에 넣어 놨어요.

网红
Wǎnghóng

看一下直播间下面的购物车，
kàn yíxià zhíbō jiān xiàmiàn de gòuwùchē，

点击进去看的话有产品的详细说明。
diǎnjī jìnqù kàn de huà yǒu chǎnpǐn de xiángxì shuōmíng。

왕홍　라이브 방송 밑에 장바구니를 눌러서 들어가면,
상품 상세 설명을 볼 수 있어요.

观众
Guānzhòng

看到了，详细说明。
kàndào le， xiángxì shuōmíng。

시청자　보이네요, 상세페이지.

网红
Wǎnghóng

有什么不懂的问题的话，可以随时问主播。
yǒu shénme bù dǒng de Wèntí de huà，kěyǐ suíshí wèn zhǔbō。

왕홍　이해 안 되는 부분이 있으면, 언제든지 물어봐 주세요.

观众
guānzhòng

好的主播! 谢谢!
hǎo de zhǔbō! xièxie!

시청자　고마워요! 왕홍!

| **Level-Up!** | 라이브커머스 실무 회화 2 |

网红
Wǎnghóng

今天给你们介绍的产品是护肤水，
jīntiān gěi nǐmen jièshào de chǎnpǐn shì hùfū shuǐ,

这款护肤水是100毫升的，使用后清凉清爽的感觉。
zhè kuǎn hùfū shuǐ shì100 háoshēng de，shǐyòng hòu qīngliáng qīngshuǎng de gǎnjué.

왕홍

오늘 여러분께 소개할 상품은 스킨입니다.

이 스킨은 100ml이고, 사용한 후에 시원함을 느낄 수 있습니다.

观众
Guānzhòng

使用感再详细给我说明一下。
shǐyòng gǎn zài xiángxì gěi wǒ Shuōmíng yíxià.

시청자

사용감에 대해서 조금 더 자세하게 설명해 주세요.

网红
Wǎnghóng

皮肤显得非常水润，能迅速沁润肌肤，
pífū xiǎnde fēicháng shuǐrùn，néng xùnsù qìnrùn jīfū,

及时补充水分。
jíshí bǔchōng shuǐfēn.

왕홍

피부가 매우 물광 피부처럼 보이고, 빠르게 피부에 스며들고,

동시에 수분을 보충해 줍니다.

观众
guānzhòng

这款护肤水的质地怎么样?
zhè kuǎn hùfū shuǐ de zhìdì zěnmeyàng?

시청자

이 스킨의 텍스처는 어떤가요?

网红
Wǎnghóng

护肤水的质地很稠密，
hùfū shuǐ de zhìdì hěn chóumì,

필수 중국어 및 마인드맵 그리기 **233**

含有透明质酸和干细胞成分。
hányǒu tòumíng zhìsuān hé gànxìbāo chéngfèn.

왕홍 스킨의 제형은 매우 미세하고,
히알루론산과 줄기세포 성분이 함유되어 있어요.

观众 网红平时用护肤水吗?
Guānzhòng Wǎnghóng píngshí yòng hùfū shuǐ ma?

시청자 왕홍은 평상시에 이 스킨을 사용하나요?

网红 我每天洗完脸后用护肤水,
Wǎnghóng wǒ měitiān xǐ wán liǎn hòu yòng hùfū shuǐ,

不但二次清洁,而且舒缓肌肤。
búdàn èrcì qīngjié, érqiě shūhuǎn jīfū.

왕홍 저는 매일 세안 후에 이 스킨케어를 사용하고,
그러면 이중세안은 물론 피부를 진정시켜 줍니다.

观众 这样的话,我也买一瓶试一试吧。
guānzhòng zhèyàng de huà, wǒ yě mǎi yì píng shì yí shì ba.

시청자 그렇다면, 나도 한 병 사서 한번 써 봐야겠네요.

观众 今天给我推荐什么产品让我买啊?
guānzhòng jīntiān gěi wǒ tuījiàn shénme chǎnpǐn ràng wǒ mǎi a?

시청자 오늘 저희에게 추천하여 판매할 상품은 무엇인가요?

网红 今天给你们介绍的产品是修复面霜,
Wǎnghóng jīntiān gěi nǐmen jièshào de chǎnpǐn shì xiūfù miànshuāng,

敏感肌肤也可以使用的,50毫升,
mǐngǎn jīfū yě kěyǐ shǐyòng de, 50háoshēng,

不但非常轻柔,而且吸收也很快。
búdàn fēicháng qīngróu, érqiě xīshōu yě hěn kuài。

왕홍   오늘 여러분께 소개할 상품은 재생크림입니다.
         민감성 피부도 사용할 수 있고, 50ml이며,
         사용감이 매우 가벼울 뿐 아니라 흡수력도 빠릅니다.

观众   这款修复面霜是什么成分来做的?
Guānzhòng zhè kuǎn xiūfù miànshuāng shì shénme chéngfèn lái zuò de?

시청자   이 재생크림은 어떤 성분으로 만든 건가요?

网红   这款面霜是缩氨酸，腺苷，甘油成分来做的。
Wǎnghóng   zhè kuǎn miànshuāng shì suōānsuān，xiàngān，gānyóu chéngfèn lái zuò de.

왕홍   이 재생크림은 펩타이드, 글리세린, 아데노신 성분으로 만든 거예요.

观众   有什么效果? 味道好闻吗?
guānzhòng yǒu shénme xiàoguǒ? wèidào hǎo wén ma?

시청자   어떤 효과가 있나요? 향은 좋은가요?

网红   味道很香的，抗皱，再生皮肤，
Wǎnghóng   wèidào hěn xiāng de，kàngzhòu，zàishēng pífū，

         强化皮肤的屏障有效。
         qiánghuà pífū de píngzhàng yǒuxiào.

왕홍   향도 매우 좋고, 주름을 방지해 주고, 피부 재생도 되고,
         피부장벽을 강화시켜 주는 효과가 있어요.

观众   使用了多长时间可以感觉到效果呢?
Guānzhòng shǐyòng le duō cháng shíjiān kěyǐ gǎnjué dào xiàoguǒ ne?

시청자   사용한 지 얼마 만에 효과를 볼 수 있을까요?

网红   皮肤的再生周期是28天四周，
Wǎnghóng   pífū dí zàishēng zhōuqī shì 28tiān Sìzhōu，

필수 중국어 및 마인드맵 그리기   **235**

只要坚持使用这款面霜四周，
zhǐyào jiānchí shǐyòng zhè kuǎn miànshuāng sìzhōu，

就可以感觉到效果，防止老化。
jiù kěyǐ gǎnjué dào xiàoguǒ， Fángzhǐ lǎohuà.

왕홍 피부의 재생 주기가 28일 4주라고 하는데,
4주만 지속적으로 이 재생크림을 사용해 준다면
바로 효과를 보실 수 있고 노화를 방지할 수 있어요.

| Level-Up! | 왕홍 마인드맵 그리기 |

■ 마인드맵 예시 1

중국 왕홍 '利利姐'

1. 목표

항목	세부 목표	달성 기한
왕홍 利利姐	SNS수익 월 천만원	2022년
	팔로워 수 (한국:2천명, 중국: 1백만명)	2022년
韓国的搭配师	중국에서 '퍼스널브랜딩 전문가'로 유명해지기	2022년
	한국 브랜드 연계하여 판매	2022년
	중국 VIP대상 온라인 퍼스널 브랜딩 프로모션	2022년

2. 목표달성을 위한 노력

항목	세부 목표
중국어	성조, 병음 정확히 숙지
	프리토킹 가능한 수준까지 레벨 업
콘텐츠	기존 오프라인 콘텐츠 온라인화
	가로 콘텐츠 기획
	하루에 2시간 투자하기/ 주3회 틱톡 영상 업로드

■ 마인드맵 예시 2

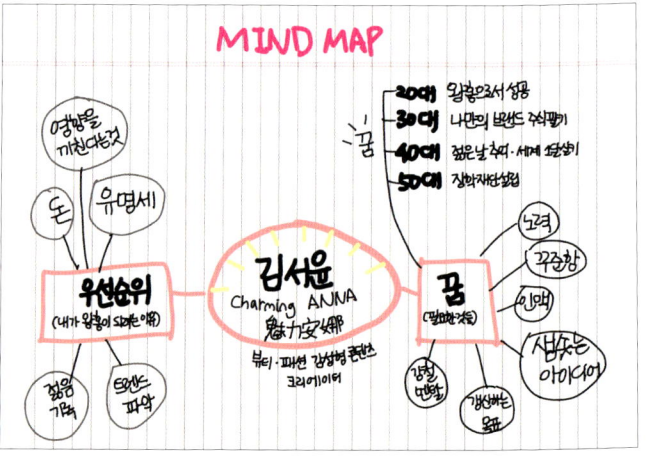

■ 마인드맵 그리기 전에 질문을 던져보아요.

나는 왜 왕홍이 되고 싶은가요?	왕홍이 되기 위한 단기적인 목표는?
왕홍이 되기 위한 장기적인 목표는?	나의 롤모델은 누가 있을까요?
지금 내게 필요한 것은 무엇인가요?	20대, 30대, 40대, 50대 나의 꿈은?

■ 질문을 생각해보며 나만의 마인드맵을 그려보세요.

필수 중국어 및 마인드맵 그리기 **239**

감사의 말
이혜란에서 왕홍 언니로

사람이 마음으로 자기 길을 계획할지라도 그 걸음을 인도하시는 분은 여호와이시다.

– 잠언 16:9

가장 먼저 지금까지 나의 길을 계획하시며 인도해 주셨고, 앞으로의 나의 길도 인도하실 하나님 아버지께 감사드립니다. 내가 왕홍이 되기까지 옆에서 묵묵히 응원해 주신 나의 사랑하는 가족, 특히 '항상 기뻐하라 쉬지 말고 기도하라 범사에 감사하라'라는 말씀 주시며 늘 기도로 함께해 주신 푸른초장교회 담임 목사님과 늘 기도로 중보해 준 푸른초장교회 식구들에게 감사합니다. 내가 어떤 프로젝트를 하더라도 항상 응원의 메시지를 아끼지 않으며 믿고 지지해 준 하나님의 기업 아이쾌 식구들에게도 감사드립니다. 또한 나의 가능성을 발견해 주신 출판사 더퍼슨스 이시용 대표님과 더퍼슨스 가족들 그리고 더 파티움 지창구 회장님과 슈트패브릭 김태건 대표에게도 감사드립니다.

아이쾌 아카데미에 많은 관심과 사랑으로 함께해 준 파트너사들에게 감사드리며, 아카데미 교육을 통해 한층 더 성장하고 더 많은 것을 깨닫고 배우는 내가 되게 해주는 존경하는 우리 마스터들과 학생들에게도 감사드립니다.

그 외 감사드릴 분이 너무나도 많지만 지금 이 순간 이 책을 알아 보고 읽어 주시는 당신께 누구보다 감사의 말씀을 전합니다.

늘 덕분에 행복합니다. 사랑합니다.

어제도, 오늘도, 그리고 내일도 늘 감사합니다.

이혜란